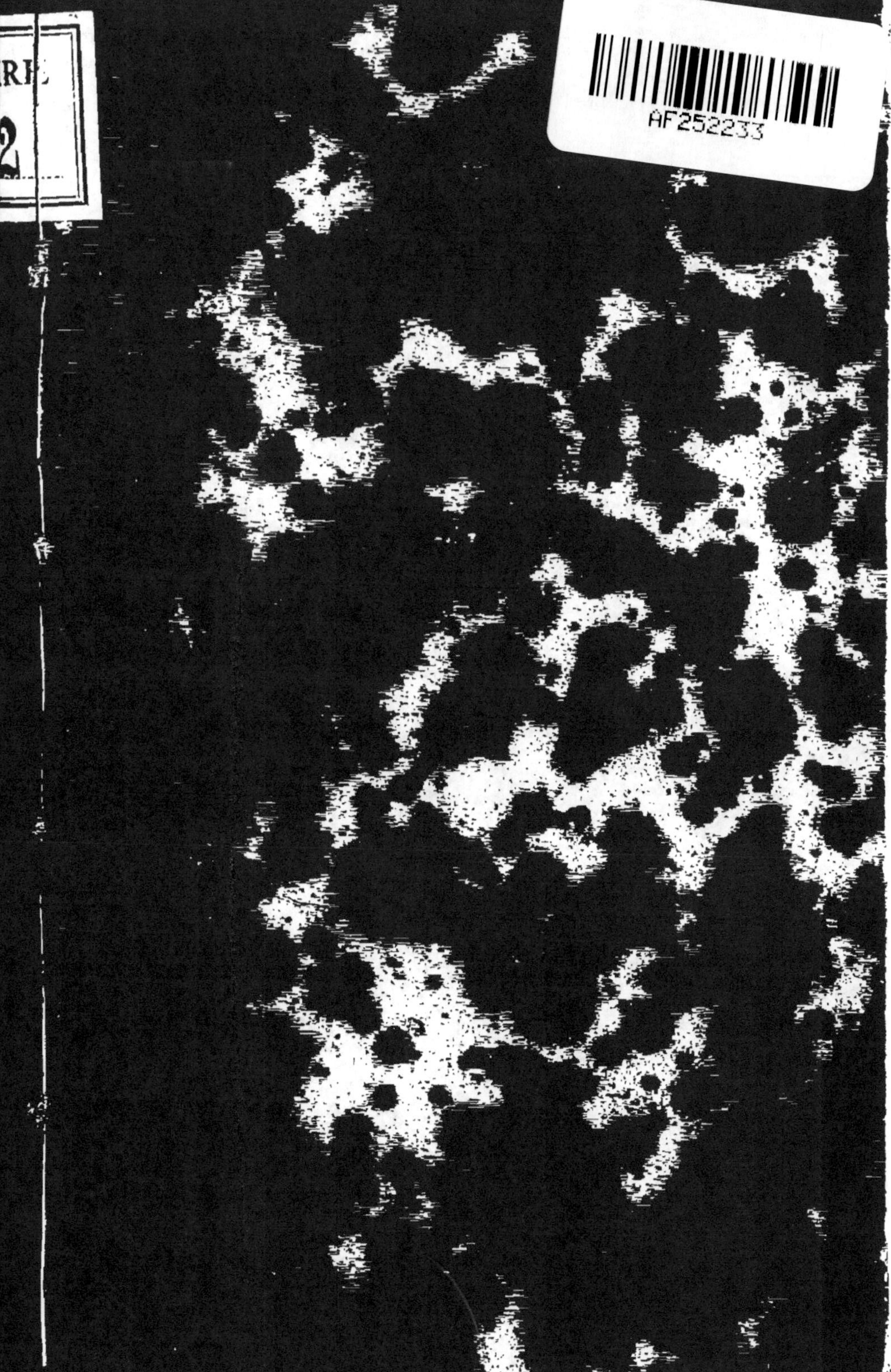

AF252233

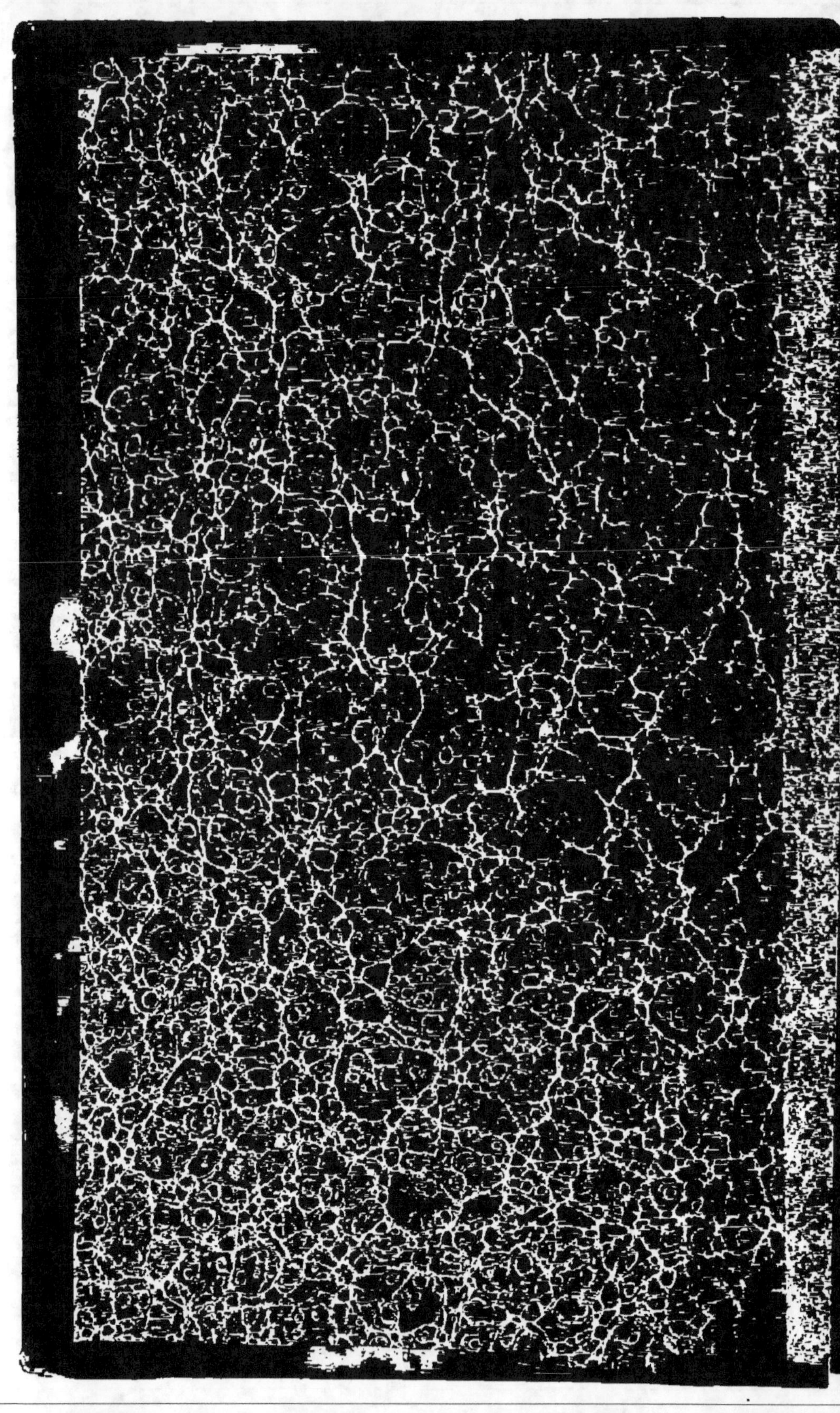

G

19712

BIBLIOTHÈQUE

PORTATIVE

DES VOYAGES.

TOME XXVII.

CONDITIONS DE LA SOUSCRIPTION.

L'ouvrage sera publié en 12 *livraisons*, qui seront mises en vente de mois en mois, à dater du 15 *Mai*; chaque livraison sera composée de 4 volumes ; la dernière seule en aura 5 , et sera néanmoins du même prix que les précédentes.

Le prix de chaque livraison , pour les personnes qui souscriront avant le 1er *Juillet prochain*, est fixé, sur papier fin, à . . 5 fr.

Papier d'Angoulême , Nom-de-Jésus.   8

Papier vélin satiné, fig. avant la lettre. 10

Papier vélin satiné , Nom-de-Jésus , figures avant la lettre 15

Passé le 1er Juillet, le prix pour les non-souscripteurs, sera, en papier fin. .   6

Papier d'Angoulême , Nom-de-Jésus. 10

Papier vélin satiné 12

Papier vélin satiné , Nom-de-Jésus. . 20

Il faut ajouter 1 fr. 50 c. au prix de chaque livraison pour recevoir l'ouvrage franc de port par la poste.

ON NE PAYE RIEN D'AVANCE.

DE L'IMPRIMERIE DE G. MUNIER.—AN VII.

BIBLIOTHÈQUE

PORTATIVE

DES VOYAGES,

TRADUITE DE L'ANGLAIS

Par MM. HENRY *et* BRETON,

TOME XXVII.

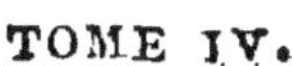

TROISIÈME VOYAGE DE COOK,

TOME IV.

PARIS,

Chez Me Ve LEPETIT, libraire, rue
Pavée-Saint-André-des-Arcs, n.º 2.

1817.

BIBLIOTHÈQUE ROYALE

VOYAGES DE COOK.

RELATION

Des découvertes faites dans la mer du Sud, pendant les années 1776, 1777, 1778, 1779, et 1780.

CHAPITRE XXII.

Visite de quelques autres des îles Sandwich.

Nous n'apperçûmes pas, durant la matinée du 22, une seule pirogue dans la baie : le *taboo* qu'y avoit mis Eappo, à notre sollicitation, n'étoit pas encore révoqué. Nous l'assurâmes que nous étions entièrement satisfaits, et que le souvenir du passé étoit enseveli dans le cercueil d'*Orono*; nous le priâmes ensuite de relever le *taboo*, et de permettre aux insulaires de nous apporter des provisions. Bientôt les vaisseaux furent environnés d'une foule de pirogues. La plupart des chefs montèrent sur notre bord. Ils exprimèrent leur douleur sur la mésintelligence qui étoit survenue entre nous, et une grande joie sur ce que notre réconciliation étoit consommée. Plusieurs de nos amis, qui ne vinrent pas nous voir, nous envoyèrent des cochons et des fruits. Le perfide Koah eut l'impudence de revenir, mais nous refusâmes de le recevoir.

Comme nous étions tout prêts à mettre en mer, le capitaine Clarke, persuadé que si nous n'arrivions pas aux autres îles avant la nouvelle de ce qui s'étoit passé à Owhyhée, il pourroit en résulter de grands désagrémens pour nous, donna ordre de mettre à la voile. Nous renvoyâmes tous les insulaires, prîmes congé d'Eappo et du fidèle Kaireekeea, et appareillâmes en présence d'une multitude de naturels qui bordoient le rivage, et nous faisoient de tendres adieux.

Nous nous proposions de chercher sur la côte méridionale de Mowe un hâvre dont nous avoient souvent parlé les insulaires d'Owhyhée. Le 24, nous longeâmes la bande méridionale de *Tahoorowa*, petite île stérile. Enfin nous apperçûmes la bande sud-ouest de Mowe, mais les vents et les courans ne nous permirent pas d'en approcher.

Dans le cours de cette journée, nous reçûmes la visite de plusieurs naturels, qui vinrent dans leurs pirogues nous apporter des provisions. Ils étoient instruits des malheureux évènemens qui s'étoient passés à Owhyhée. Ils interrogèrent à ce sujet, avec beaucoup d'empressement, une femme qui avoit trouvé moyen de se cacher à bord de la *Résolution*, et se rendoit à *Atooï*. Ils lui demandèrent des nouvelles de Pareea et de quelques autres chefs. La mort de Kaneena et de son frère parut les affecter vivement. Nous eûmes, au surplus, le plaisir de voir

que le récit de la femme n'altéroit
en rien la politesse et la tranquillité
de leur conduite envers nous.

Le 25, nous gouvernâmes sur la
côte occidentale de Moratoï; puis
nous arrivâmes devant *Woàhoo*,
île que nous avions déjà vue en janvier 1778. La découverte d'une su-
perbe rivière qui se trouvoit dans
cette île, nous détermina à y mouil-
ler. Dans l'après-midi, je mis pied
à terre avec nos deux capitaines.
Nous rencontrâmes fort peu d'habitans; nous ne vîmes guère que
des femmes qui nous dirent que les
hommes étoient allés à *Moratoï*
combattre *Tahyterree*. L'eau de
la rivière étoit trop salée pour qu'il
nous fût possible de nous en approvi-
sionner. En conséquence M. Clarke

jugea à propos de faire voile pour *Atooï*.

Nous y mouillâmes le premier mai. Bientôt les pirogues se montrèrent en grand nombre ; mais les naturels ne nous traitoient pas avec autant d'amitié que lors de notre première relâche. Un d'eux se plaignit de ce que nous leur avions communiqué une contagion (la maladie vénérienne) qui avoit fait parmi eux de grands ravages. Lui-même en avoit été atteint.

Le but principal de notre séjour dans cette île étoit d'y faire de l'eau : je fus chargé de faire remplir les futailles. L'absence des chefs qui se trouvoient en ce moment dans une autre contrée de l'île, me causa beaucoup d'embarras. J'eus infiniment de peine à écarter la foule qui nous entouroit. Un des insulaires s'étant saisi de la bayonnette du fusil d'un de nos soldats, et cherchant à l'arracher, j'accourus au secours de la sentinelle. L'Indien lâcha prise et se retira, mais il ne tarda pas à reparoître, tenant une pique d'une main et un *pahooa* de l'autre. Ses compatriotes furent obligés de se mettre de la partie et de le chasser. Une légère égratignure que lui avoit faite le soldat anglais, en faisant élargir le cercle, étoit l'origine de cette dispute.

Convaincu que la circonspection et la modération étoient plus que jamais nécessaires, je défendis de faire feu, ou d'exercer aucun acte de violence sans un ordre positif.

Les naturels se montrèrent fort
mal intentionnés. Ils vouloient absolument une hache pour chaque
barrique d'eau; et, comme on n'avoit
pas voulu leur en payer ce prix, ils
ne vouloient point permettre aux
matelots de transporter les futailles
au bord de la mer.

Un des habitans s'avança vers
moi avec beaucoup d'insolence, et
renouvela la même prétention. Je
lui répondis que, par pure amitié,
je voulois bien lui faire cadeau d'une
hache, mais que j'entendois prendre l'eau gratuitement. J'ordonnai
sur-le-champ à nos gens de conti-
nuer leurs travaux; et, pour les pro-
téger, je leur donnai une escorte
de trois soldats de marine.

Cet acte de vigueur en imposa

aux insulaires. Ils ne troublèrent
plus notre détachement, mais ils
se mirent à faire tout ce qui étoit
capable de nous irriter. Quelques-
uns, sous prétexte d'aider nos matelots à rouler les barriques, les dé-
tournoient exprès d'un autre côté.
Ceux-ci enlevoient les chapeaux de
nos gens; ceux-là les saisissoient
par leurs habits, et les faisoient re-
culer de force, en marchant sur leurs
talons. Ces diverses insultes excitoient parmi les spectateurs des
éclats de rire et des acclamations
puériles. Ensuite ils vinrent à bout.
de voler le baquet du tonnelier, et
de lui arracher son sac. Ce qu'ils
convoitoient le plus étoient les fusils
de nos soldats de marine. Bien que
la plupart se conduisissent envers

moi avec les plus grands égards, ils voulurent cependant me mettre aussi à contribution. L'un d'eux s'approcha de moi avec familiarité pour distraire mon attention, tandis que son camarade m'arracha l'épée que je tenois nonchalamment à la main, et s'enfuit avec la promptitude de l'éclair.

L'emploi de la force nous exposoit à bien des dangers. Il fallut donc nous soumettre à la nécessité. Toutefois mes inquiétudes s'accrurent par le rapport de notre sergent, qui m'assura que, s'étant retourné brusquement, il avoit vu un insulaire prêt à me frapper par derrière d'un coup de pahooa. Peut-être se trompoit-il, mais au surplus notre position étoit on ne peut plus critique. La moindre indiscrétion de notre part pouvoit nous être fatale. Il est vraisemblable que la crainte de nos armes à feu étoit le principal motif qui empêchât les naturels de nous attaquer. Voyant que nous avions en elles tant de confiance, que nous n'opposions que cinq soldats à leurs forces entières, ils avoient nécessairement une haute opinion de notre supériorité : j'ajouterai, à l'honneur du détachement que je commandois, qu'ils firent tout ce qu'il leur étoit possible pour maintenir cette impression. Ils supportoient avec patience et modération tout ce qui pouvoit être regardé comme une plaisanterie ; et, lorsqu'on les provoquoit sérieusement, ils en imposoient aux insulaires par leurs menaces et par leurs regards foudroyans. Grace à ces mesures, nous ramenâmes, sans accident, toutes nos futailles au bord de la mer.

Pendant qu'on les embarquoit, les naturels, voyant qu'ils n'auroient bientôt plus occasion de nous piller, redoublèrent d'insolence et d'audace. Le sergent des soldats de marine me représenta alors qu'il convenoit de faire entrer dans les canots sa petite troupe la première, afin, d'une part, de mettre en sûreté ses fusils, qui excitoient plus particulièrement la convoitise des insulaires, et, de l'autre, pour nous défendre plus efficacement en cas d'attaque.

Tout se trouvoit embarqué : il
ne

ne restoit plus alors que notre canonnier, M. Anderson, un matelot et moi. J'ordonnai au canonnier et au matelot de se jeter promptement à la mer, et je leur dis que j'allois les suivre. A ma grande surprise, ni l'un ni l'autre ne voulurent m'obéir. Nous nous disputâmes à qui resteroit le dernier sur le rivage. Quelque temps auparavant, j'avois parlé au matelot avec un peu trop de vivacité. Croyant que j'avois douté de sa valeur, il voulut m'en donner une preuve. Le vieux canonnier ne vouloit pas non plus céder, par point d'honneur.

Cette bizarre contestation eût peut-être duré quelque temps, si elle n'eût été terminée par une volée de pierres que nous jettèrent les naturels. En même temps, les équipages des canots nous crièrent que les Indiens nous suivoient dans l'eau, armés de massues et de piques. J'arrivai le premier à la pinasse. Observant que M. Anderson étoit un peu en arrière, et qu'il n'étoit pas tout-à-fait hors de danger, j'ordonnai aux soldats de marine de tirer un seul coup de fusil. Ils exécutèrent mon ordre avec tant de précipitation, qu'au lieu d'un ils en tirèrent deux. En rentrant dans l'embarcation, je vis tous les naturels en fuite. Il n'étoit demeuré sur la côte qu'un seul homme assis auprès d'une femme. Il essaya, à plusieurs reprises, de se lever ; mais les forces lui manquèrent, et j'observai avec la plus grande douleur

qu'il étoit blessé à l'aîne. Ses compagnons ne tardèrent pas à revenir
sur leurs pas. Ils formèrent un cercle autour de lui. Mais, avant que
nous fussions arrivés sur les vaisseaux, ils furent chassés du rivage
par plusieurs insulaires, que nous
jugeâmes être des chefs.

Pendant notre absence, le capitaine Clarke avoit été fort inquiet
pour notre sûreté. Pour surcroît
d'alarmes, il avoit mal compris ce
que lui avoient dit plusieurs des
Indiens rendus à bord. Ils avoient
fréquemment prononcé le nom de
Cook en parlant de mort et de car-
nage dans les termes les plus éner-
giques et les moins équivoques. Il
en tira la conséquence qu'ils étoient
instruits de ce qui s'étoit passé à

Owhyhée ; mais ils ne parloient que des guerres qu'avoient occasionnées les chèvres que **M. Cook** avoient laissées dans l'une des îles, et du massacre de ces pauvres animaux au milieu de la querelle dont ils étoient l'origine.

M. Clarke, prenant toutes ces démonstrations pour des menaces de vengeance des habitans de ces îles, s'empressa de faire armer les canots, et de les envoyer à notre secours.

Le lendemain, je fus chargé de retourner à l'aiguade avec un détachement de travailleurs et une escorte de quarante hommes. Nous trouvâmes la côte absolument libre, et attribuâmes cette tranquillité à la prévoyance des chefs. De l'autre côté de la rivière, nous vîmes plusieurs insulaires armés de dagues et de longues piques ; mais ils ne nous causèrent aucune importunité. Leurs femmes traversèrent la rivière, et vinrent s'asseoir auprès de nous. A midi, nous engageâmes quelques-uns des hommes à nous apporter des cochons et des racines. Ils consentirent même à les apprêter. Dès que nous eûmes quitté la grève, ils s'y rendirent, et l'un d'eux nous jeta une pierre. Mais comme ses compagnons parurent le désapprouver, nous n'en montrâmes point de ressentiment.

De retour aux vaisseaux, nous apprîmes que plusieurs chefs y étoient venus, et avoient fait des excuses sur la conduite de leurs compatriotes. Ils attribuèrent le

tumulte à des dissentions qui sub-
sistoient entre les principaux per-
sonnages de l'île. Toneoneo qui étoit
revêtu du suprême pouvoir, lors de
notre première relâche, et un jëune
homme nommé *Teavee*, se disputoient alors le gouvernement d'*A-
tooï*. L'un et l'autre étoient petits-
fils de Perreeoannee, roi de Woahoo. Les chèvres que nous avions
laissées à Oneeheow avoient fait
naître cette contestation. Toneoneo les réclamoit, et prétendoit que
cette île étoit sous sa dépendance;
les amis de Teavee faisoient valoir
une possession contraire.

Ils avoient voulu justifier chacun
leurs prétentions par la force; et,
peu de jours avant notre arrivée,
il y avoit eu une action dans la-

quelle Toneoneo avoit été vaincu. Cette défaite avoit pour lui des suites plus fâcheuses que la perte des chèvres. En effet, la mère de *Teavee* avoit épousé en secondes noces un homme qui étoit chef d'*Atooï*, à la tête d'une faction puissante, et qui saisissoit cette occasion d'assurer le gouvernement de l'île au fils de sa femme, au préjudice du roi légitime. Les chèvres avoient multiplié, on en comptoit six; et, en peu d'années, elles auroient vraisemblablement couvert les îles Sandwich, sans cet accident.

La mère, la sœur, et le beau-père de Teavee, se rendirent, le 4, sur la *Résolution*, accompagnés de plusieurs chefs de leur parti. Ils firent à M. Clarke plusieurs présens curieux. Ils lui donnèrent, entre autres, des hameçons de pêche qu'ils assurèrent avoir été composés avec des ossemens du père de notre vieux ami Terreeoboo, tué dans une expédition malheureuse contre l'île de Woahoo. La sœur du prince lui donna un émouchoir dont la poignée étoit un os humain, trophée qu'elle avoit reçu de son beau-père. Teavee n'avoit pu venir nous voir, parce qu'il étoit occupé, au sujet de sa victoire, à célébrer des cérémonies religieuses qui devoient durer une vingtaine de jours.

Un des insulaires vint à bord de la *Découverte*, avec un morceau de fer, dont il nous pria de lui faire un *pahooa*. Les officiers de marine jugèrent que ce morceau de fer,

avoit servi de cheville au bordage
d'un grand navire. Ils remarquèrent
de plus qu'il n'étoit pas de fabrique anglaise. Les questions qu'ils
firent à ces insulaires leur apprirent
qu'en effet ils l'avoient tiré d'un gros
morceau de bois qui avoit été jeté
sur les côtes de l'île depuis que nous
l'avons quittée, au mois de janvier
1778.

Nous reçûmes, le 7, de Toneoneo, une visite inopinée. Instruit
que la princesse douairière étoit à
bord, il ne se détermina qu'avec
beaucoup de répugnance à y mon-
ter; non pas qu'il craignît pour sa
sûreté, mais parce qu'il ne vouloit
pas la voir. Leur entrevue fut très-
maussade; ils ne se cachèrent point
réciproquement leur inimitié. Nous

fûmes cependant surpris de voir tous les naturels du parti qui lui étoit opposé se prosterner devant lui, et lui rendre tous les hommages qu'ils ont coutume de rendre aux personnes de son rang. Il paroît singulier qu'un prince, en état de guerre avec les partisans de Teavee, qui se disposoit même à courir les chances d'une seconde bataille, ait eu assez de hardiesse pour venir seul au milieu de ses ennemis. Mais, dans ce pays, les dissentions civiles qui y sont très-communes n'entraînent pas, à beaucoup près, la même fureur, le même acharnement, que dans les contrées civilisées.

Le 8, nous nous dirigeâmes vers *Oneehow*, et jetâmes l'ancre dans le même endroit où nous avions mouillé en 1778. Mais nous le quittâmes pour une baie plus commode. M. Bligh s'assura qu'il y a un canal entre l'île d'Oneeheow et l'île d'*Oreehowa*. Jusqu'alors nous n'avions fait que soupçonner que ce fussent deux îles distinctes.

CHAPITRE XXIII.

Description générale des îles Sandwich. — Mœurs et origine des naturels. — Dissertation pour prouver qu'ils ne sont point anthropophages. — Habillement des deux sexes.

IL est évident que les naturels des îles Sandwich sont de la même race d'hommes que ceux de la nouvelle

Zélande, des îles de la Société, des Amis, des Marquises, de l'île de Pâques, etc. ; race d'hommes qui habite, sans aucun mélange, toutes les terres connues, entre 47 degrés de latitude boréale, et le 20e parallèle austral, entre 184 et 260 degrés de longitude, à partir du méridien de Greenwich. L'analogie que l'on remarque entre leur figure, leurs mœurs, et leurs idiomes, démontre cette vérité, que l'éloignement des lieux rendroit sans cela bien difficile à admettre.

Enfin, il n'est pas moins aisé de voir que les Battas et les Malais ont peuplé toutes ces îles, mais à quelle époque? C'est ce qu'on ne sauroit désigner avec certitude ; mais il y a tout lieu de croire que

ces

ces émigrations datent d'une antiquité très-reculée, quoique le peu d'altération du langage, des coutumes et des manières, semble prouver qu'elle est moderne. Les Indiens des îles Sandwich sont d'une taille au-dessous de la moyenne; ils sont bien proportionnés. Leur démarche est gracieuse; ils sont agiles à la course, et capables de supporter de grandes fatigues. Cependant les hommes le cèdent, du côté de la force et de l'activité, aux naturels des îles des Amis; les femmes ont les membres moins délicats que les Otahitiennes.

Leur teint est un peu plus brun; leur figure n'est pas aussi belle que ceux des insulaires d'Otahiti. Les femmes ont de beaux yeux, des

dents superbes, un air enchanteur
de douceur et de sensibilité. Leur
chevelure est d'un noir peu foncé ;
elle n'est pas généralement lisse
comme parmi les sauvages d'Amérique, ni généralement crépue comme celle des Nègres et des Africains.
Elle offre, à cet égard, des variétés
considérables. Tous les individus de
cette grande nation présentent une
particularité frappante. Les visages,
dont les traits sont les plus régu-
liers, offrent toujours des narines
fortement ouvertes, quoique les nez
ne soient ni alongés, ni aplatis
par l'art. Cela provient sans doute
de leur manière habituelle de se sa-
luer, en se frottant leurs nez l'un
contre l'autre. (La planche 19 du
troisième atlas représente une des
femmes de ce pays : la planche 18

offre la figure d'un homme. C'est le portrait d'un danseur.

Les Earees des îles Sandwich se distinguent du bas peuple, comme dans toutes les autres contrées de la mer du Sud, par des formes plus régulières et plus agréables. Les classes inférieures de la nation offrent ces variétés de taille et de physionomie, qu'on remarque aussi en Europe parmi les gens du commun. Il s'y trouve plus d'individus mal conformés que dans aucune des autres îles de ces mers. En croisant à la hauteur d'Owhyhée, deux individus difformes nous rendirent visite ; c'étoient un vieillard et une femme qui n'avoient pas quatre pieds de hauteur. Nous vîmes ensuite trois bossus, et un jeune homme qui étoit né sans pieds et sans mains. L'habitude de loucher est fort ordinaire parmi eux. On nous amena un aveugle, qu'on nous pria de guérir.

Ces insulaires sont, de plus, fort sujets à des humeurs froides et à des ulcères ; ce qu'il faut peut-être attribuer à l'excessive quantité de sel dont ils assaisonnent leurs viandes et leurs poissons. Les Earees ne sont presque pas atteints de ces maladies ; mais l'usage de l'*ava* leur fait beaucoup de mal ; il leur occasionne une sorte de galle blanche : leurs yeux deviennent rouges et enflammés. Un marasme affreux consume tout leur embonpoint ; leurs membres sont saisis d'un tremblement continuel. Il leur est impossible de

lever la tête. Au surplus il ne paroît
pas que cette boisson abrège leurs
jours, car Terreeoboo, Kaoo, et
plusieurs autres chefs, étoient fort
avancés en âge, mais elle accélère
la décrépitude.

Heureusement l'usage de l'ava
n'est point permis à tous les habitans. Les chefs jouissent seuls de ce
funeste privilège. Le fils de Terreeoboo, âgé d'environ douze ans, se
vantoit d'avoir récemment obtenu
le droit de boire de l'*ava*. Il montroit avec orgueil un petit espace
sur ses reins, qui commençoit à s'é-
cailler.

Lorsque M. Cook visita pour la
première fois les îles de la Société,
cette pernicieuse boisson y étoit peu
connue; lors de son second voyage,

il la trouva d'un usage général à Uliétéa ; mais à Otahiti la consommation n'en étoit pas considérable. Il fut bien surpris, lors de sa troisième expédition, de la voir introduite avec une sorte de fureur à Otahiti. Les ravages en étoient si prodigieux, qu'il eut peine à reconnoître ses anciens amis.

Les chefs des îles des Amis en boivent beaucoup ; mais ils y joignent tant d'eau, qu'ils en tempèrent les fâcheux effets. A *Atooï*, où l'on n'en use qu'avec modération, les chefs se portent beaucoup mieux, et sont d'une figure plus belle que ceux des îles voisines. Il suffit, au reste, d'interrompre l'usage de cette racine pour dissiper tous les maux qu'elle a occasionnés. Nous persuadâmes à nos bons amis Kairee-keea et Kaoo de s'en abstenir. Dès ce moment, leur santé devint robuste.

L'intérieur de ces îles est presque désert; de sorte que, pour en évaluer la population, il suffit de prendre pour base le nombre des habitans des côtes. C'est ainsi que j'ai estimé de la manière suivante le nombre des Indiens des huit principales îles.

Owhyhée.	150,000 ames.
Mowee.	65,400.
Woahoo..	60,200.
Atooï.	54,000.
Morotoï.	36,000.
Oneeheow.	10,000.
Ranai.	20,400.
Oreehoua.	4,000.
Total des habitans.	400,000.

Ce calcul ne me semble point exagéré (1); je l'ai établi d'après le nombre approximatif des cabanes isolées ou réunies en villages, en supposant six individus par chaque maison.

Malgré la perte irréparable que nous ont causée le ressentiment su-

(1) Ce qui me mettroit jusqu'à un certain point en garde contre cette évaluation, c'est que l'auteur a affecté de disposer ses nombres partiels de manière à avoir pour somme totale un nombre rond. Cela ne peut être le résultat du hasard. Il est possible qu'ayant estimé par apperçu à 400,000 ames la population de ces îles, il ait réparti cette quantité sur chacune d'elles d'une manière trop arbitraire.

(*Note du traducteur.*)

bit et les violences des naturels d'Owhyhée, je dois à ces insulaires la justice de convenir que leur caractère est doux et affable. Ils sont aussi éloignés de l'impardonnable légèreté des Otahitiens, que de la gravité et du flegme des habitans des îles des Amis. Ils paroissent vivre entre eux dans la plus parfaite intelligence. Nous fûmes touchés des soins affectueux que les hommes, aussi bien que les femmes, prennent de leurs enfans.

La civilisation n'y est pas d'ailleurs fort avancée, si l'on en juge par leur conduite envers les femmes. Non seulement on ne leur permet pas de manger avec les hommes, mais l'usage des alimens délicats leur est absolument interdit. Il leur est défendu de manger du porc, de la tortue, divers oiseaux, et quelques espèces de poissons. Une pauvre fille fut, dit-on, cruellement maltraitée pour avoir bravé à notre bord la prohibition. Elles paroissent vivre dans une solitude complète.

Quand nous mettions pied à terre, ces bons insulaires se disputoient l'avantage de nous faire des présens, de nous apporter des vivres, et de nous prodiguer d'autres marques de respect. Les vieillards répandoient des larmes d'attendrissement, et paroissoient au comble de la joie, quand nous leur permettions de nous toucher. Ils ne cessoient de faire, entre eux et nous, des comparaisons qui indiquoient infiniment d'humilité et de modestie. Les jeunes femmes ne furent pas moins prévenantes : elles se livrèrent à nous sans réserve, jusqu'au moment où elles reconnurent qu'elles avoient lieu de se repentir de semblables liaisons. Le lecteur devine aisément ce que je veux dire ; mais j'ajouterai que nous fîmes en vain tous nos efforts pour prévenir ce malheur.

Ces femmes, trop faciles, étoient, au reste, de la dernière classe du peuple. A l'exception du petit nombre de celles dont les noms ont été cités dans cette relation, nous ne fréquentâmes aucune femme d'un rang distingué.

Ces insulaires paroissent doués d'une grande intelligence. L'em-

pressement avec lequel ils nous regardoient travailler le fer, est une
preuve de leur docilité et de leur
industrie.

Notre infortuné ami Kaneena
montroit, par dessus tous les autres,
un grand desir de s'instruire. Il
nous faisoit des questions réitérées
sur nos usages et nos mœurs, sur
notre roi, sur la nature de notre
gouvernement, sur la population et
les produits de notre patrie, sur la
méthode que nous employions pour
construire nos vaisseaux et nos édi-
fices. Il nous demanda aussi si nous
avions des guerres, avec quels
peuples, en quelles occasions, de
quelle manière nous les faisions,
à quel Dieu nous rendions nos hommages. Enfin, il nous interrogea sur

une

une infinité d'autres points qui annonçoient un esprit fort étendu.

Nous rencontrâmes à Owhyhée et à Oneeheow deux infortunés privés de leur raison. L'un étoit un homme, l'autre une femme. On les croyoit inspirés de la Divinité ; et, par cette raison même, on leur témoignoit toutes sortes d'égards.

Il n'y a guère, de tous les pays de la mer du sud, que la nouvelle Zélande, où l'affreuse coutume de manger de la chair humaine soit positivement démontrée : mais il est probable qu'autrefois elle a aussi régné dans les autres îles de cet océan. On y fait encore des sacrifices humains qui semblent en dériver. On conçoit aisément pourquoi les Zélandais ont conservé cet usage plus long-temps que les autres ; c'est parce qu'ils habitent un climat moins doux et moins fertile. Cependant les naturels des îles Sandwich ont plus d'analogie sous les rapports de la conformation extérieure et du caractère avec les indigènes de la nouvelle Zélande qu'avec toute autre tribu de la même race. M. Anderson pensoit, d'après quelques indices qu'il avoit recueillis lors de notre première relâche, qu'ils étoient aussi anthropophages. Mais ses raisons ne me paroissent pas concluantes ; les insulaires nous ont constamment nié qu'ils connussent un tel usage, si j'en excepte les deux faits que rapporte M. Anderson (1). Il est vrai qu'il étoit plus instruit qu'aucun de nous dans l'idiome de ces îles ; mais nous découvrîmes, après sa mort, un fait qui semble démontrer qu'il a pu se méprendre. Ces Indiens ont presque tous l'habitude de porter, dans leurs calebasses ou dans une pièce d'étoffe, un petit morceau de cochon crud, salé à l'excès, qu'ils regardent comme une friandise, et auquel ils mordent de temps en temps. Quant à la honte que montra l'insulaire dont parle M. Anderson, et qui étoit un jeune homme de seize à dix-huit ans, on n'en seroit pas surpris, si l'on avoit été témoin de l'é-

Voyez le tome 2, pag. 124 et suivantes.

nergie et de la vivacité avec laquelle on l'interrogeoit.

Il est plus difficile de détruire l'induction tirée de cet instrument en forme de scie, dont se servent les habitans des îles Sandwich pour dépecer les corps de leurs ennemis, (car il ne paroît pas que ce soit un instrument de cuisine, destiné uniquement à couper la viande des animaux). Il est au moins probable qu'on en fait usage pour les sacrifices humains.

Quoi qu'il en soit, je suis fort porté à croire, sur-tout d'après cette dernière particularité, qu'il n'y a pas long-temps que les habitans, non seulement de ces îles, mais de toutes celles de la mer du sud (la nouvelle Zélande exceptée), ont cessé d'être antrhopophages. Quand on pressoit O-maï sur cet article, il convenoit que, dans l'ardeur de la victoire et de la vengeance, ses compatriotes déchiroient quelquefois, avec leurs dents, les corps de leurs ennemis tués dans les combats; mais il m'a toujours positivement affirmé que jamais ils ne les mangent.

Les naturels des îles Sandwich diffèrent de ceux des îles des Amis, en ce que, pour la plupart, ils laissent croître leur barbe. Un très-petit nombre, et notamment le roi, l'avoient rasée; quelques-uns conservoient une moustache sur la lèvre supérieure. Leur genre de coiffure est extrêmement varié, mais ils ont une mode qui semble leur être particulière. Ils se rasent les deux côtés de la tête jusqu'aux oreilles, en laissant une ligne qui égale en largeur la moitié de la main, et s'étend depuis le front jusqu'à la nuque. Quand leurs cheveux sont touffus et bouclés, cette touffe ressemble à la crête des casques antiques. Quelques-uns se parent la tête d'une large perruque, dont les longues boucles retombent sur leurs épaules. D'autres relèvent sur le sommet de la tête une touffe arrondie, qui égale à-peu-près en grosseur la tête elle-même. Enfin, quelques-uns forment, de leur chevelure, cinq ou six touffes distinctes. Ils oignent leurs cheveux avec une argile grise, mêlée avec des débris de coquilles, réduits en poudre. Ils en conservent des boules qu'ils amollissent en les mâchant, lorsqu'ils veulent s'en servir. Ils entretiennent ainsi le lustre de leur chevelure, et lui donnent quelquefois une teinte d'un jaune pâle.

Les hommes et les femmes portent des colliers de petits coquillages tachetés. Ils ont un ornement de bois, de pierre, ou d'ivoire bien polis, qui ressemble au pied d'une coupe antique, et qu'ils suspendent avec des cordelettes de cheveux tressés, au nombre quelquefois d'une centaine. Quelques-uns substituent à cet ornement une petite figure humaine en os.

Ils ont des éventails ou émouchoirs de fibres de cocos, ou bien de longues plumes d'oiseaux; les plus précieux sont ceux dont le manche est formé de l'os brachial ou du *tibia* d'un ennemi tué dans les combats. Les insulaires les conservent soigneusement, et se les transmettent de père en fils, comme des trophées d'une valeur inestimable.

Ils se *tatouent* les diverses parties du corps, comme les naturels de toutes les îles de la mer du sud. Mais ce n'est qu'ici et à la nouvelle Zélande, qu'ils se couvrent le visage de piquetures. Celles des Zélandais sont des volutes spirales, fort agréables à l'œil ; les naturels des îles Sandwich y tracent des lignes droites qui se coupent à angles droits. Les femmes se font sur les bras et les mains des piquetures d'un joli dessein : elles se tatouent de plus l'extrémité de la langue ; usage bizarre, dont il nous a été impossible de soupçonner le motif.

On dit qu'ils se font ces piquetures à la mort de quelque chef, ou pour conserver un monument ineffaçable de tout autre évènement malheureux. Les gens du peuple ont un genre particulier de *tatouage*, qui indique leur vassalité et leur dépendance à l'égard de certains chefs.

Le vêtement ordinaire des hommes de tous les rangs s'appelle *maro*. C'est une seule pièce d'une étoffe épaisse, d'environ dix à douze pouces de largeur ; ils la passent entre les cuisses, et la nouent autour des reins. La grandeur et la beauté de leurs nattes sont fort variées. Elles ont d'ordinaire cinq pieds de long sur quatre de large. Ils les jettent sur leurs épaules, et en ramènent les extrémités par devant ; mais ils n'en font guère usage que dans leurs combats, parce que leur épaisseur est assez considérable pour amortir le coup d'une pierre ou d'une arme émoussée.

Ils ont presque toujours les pieds nus, à moins qu'ils ne soient obligés de marcher sur des pierres aiguës : ils portent alors une sorte de sandale, faite avec des fibres de cocos tressées.

Les chefs ont, les jours de cérémonie, un vêtement distinctif. C'est un manteau de plumes et un casque de la plus grande magnificence. La

longueur des manteaux est proportionnée au rang de celui qui en est
revêtu. Il en est qui ne descendent
que jusqu'aux reins; d'autres traînent
jusqu'à terre. Les chefs inférieurs
ont un manteau court de longues
plumes, tirées de queues de coqs,
d'oiseaux du Tropique ou de fré-
gates; ils sont garnis d'une large
bordure de petites plumes rouges et
jaunes, et d'un collet de la même
nature. Le casque a une coiffe d'o-
sier assez forte pour amortir les
coups des instrumens de guerre.

Les manteaux de plumes et les
casques nous ont paru fort rares
parmi eux. Ils appartiennent sans
doute exclusivement aux insulaires
d'un rang élevé. Nous n'en avons
vu que trois fois durant notre mouil-

lage dans la baie de *Karakakoa*;
la première, lorsque Terreeoboo
rendit sa première visite aux vaisseaux; la seconde, quand le capitaine Cook fut tué; la troisième,
lorsque Eappo nous apporta les restes de ce grand homme.

Cet accoutrement a tant d'analogie avec l'ancien manteau et l'ancien casque des Espagnols, que nous
eûmes quelque soupçon que les habitans des îles Sandwich ont pu
l'emprunter des Espagnols. Ils ne
connoissent cependant aucune nation étrangère. Ils n'ont conservé
aucune tradition de l'arrivée d'un
vaisseau pareil aux nôtres. Mais la
forme extraordinaire de cet habit,
qui s'écarte d'ailleurs de celle des

vêtemens particuliers à toutes les
peuplades de la mer du sud , semble une preuve suffisante de son
origine européenne. Il n'est pas impossible que quelque bâtiment fli-
bustier ou espagnol ait fait naufrage
sur une de ces îles. Si l'on réfléchit
que les navires espagnols , qui se
rendent d'*Acapulco* à Manille, passent à peu de degrés au sud de ces
îles , et qu'à leur retour, ils passent
à peu de degrés au nord de ce même
archipel, une telle conjecture ne
paroîtra pas destituée de tout fon-
dement.

Les femmes s'habillent à-peu-près
comme les hommes; elles s'enve-
loppent, comme eux, les reins avec
une pièce d'étoffe qui tombe jusqu'à la moitié des cuisses. Pendant

les soirées fraîches, elles avoient, à l'instar des Otahitiennes, leurs épaules recouvertes de belles étoffes flottantes. Les jeunes filles sont vêtues d'une pièce d'étoffe fine et légère, qui fait plusieurs tours sur les reins, se rabat sur les jambes, et ressemble absolument à un jupon très-court. Leurs cheveux sont coupés par derrière, et crépus sur le devant de la tête, comme ceux des Otahitiens et des Zélandais. Nous vîmes, à la baie de Karakakoa, une femme dont les cheveux étoient relevés par derrière, ramenés sur le front, puis repliés sur eux-mêmes, de manière à former une sorte de petit bonnet.

Outre les colliers de coquillages, dont je viens de faire mention, les femmes en ont d'autres composés d'une baie rouge, dure et luisante. Elles se font des couronnes de fleurs sèches avec la mauve des Indes. La *planche* 19 offre le modèle d'un joli ornement nommé *eraie*, qu'elles portent autour de leur cou, et qui est quelquefois attaché à leurs cheveux, en manière de guirlande. C'est en quelque sorte une *palatine* de la grosseur d'un doigt, composée de petites plumes tressées avec tant de dextérité que la surface en est aussi douce que celle du velours. Le fond en est ordinairement rouge, avec des cercles alternatifs jaunes et noirs.

Quelques femmes d'Atooï portent à leurs doigts, en guise de bagues, de petites figures de bois ou d'ivoire, d'un travail élégant, et qui représentent une tortue.

Il me reste encore à parler d'un autre ornement, si toutefois il convient de lui donner ce nom. C'est un masque fait avec une grosse gourde, où l'on a pratiqué des ouvertures pour les yeux et pour le nez. Le dessus est chargé de petites tiges vertes qui, de loin, ressemblent à de jolis plumails. A la partie inférieure pendent des bandes étroites d'étoffe que l'on prendroit pour de la barbe. Nous n'avons vu que deux fois des hommes couverts de ce masque. Ceux qui en étoient décorés arrivèrent à la hanche des vaisseaux, en riant aux éclats, et en faisant des gestes comiques. (*Voyez la planche* 20 *du troisième atlas*.) Nous jugeâmes que c'étoit une mascarade. Nous n'avons pu reconnoître si ces masques leur servent aussi de casques pour les garantir des coups de pierre , ou s'ils ne les emploient que pour se déguiser dans leurs fêtes publiques.

CHAPITRE XXIV.

Suite de la description des îles Sandwich.
— Habitation et manière de vivre des
naturels. — Passion qu'ils ont pour
le jeu. — Leur habileté à la nage. —
— Arts et manufactures. — Gouvernement. — Idoles. — Mariages. —
Rites funéraires, etc.

Les naturels de ces îles habitent
de petits villages, ou bourgades, de
cent à deux cents maisons, bâties
confusément les unes auprès des autres, et qui communiquent par un
chemin tortueux. Du côté de la mer,
ces villages sont défendus par des
parapets de terres mobiles. La grandeur des habitations varie depuis

dix-huit pieds de longueur sur douze de largeur, jusqu'à quarante-cinq sur vingt-quatre. Il en est de plus étendues, ouvertes à l'une des extrémités, où l'on reçoit les voyageurs et les étrangers qui font quelque séjour dans l'île.

Quelques-unes des plus belles de ces maisons sont précédées d'une cour environnée de palissades, où sont des cabanes plus petites pour le logement des domestiques.

Les classes inférieures du peuple mangent principalement du poisson, des ignames, des patates douces, du *taro*, des bananes, des cannes-à-sucre, et du fruit-à-pain. Ceux d'une condition plus élevée y ajoutent de la chair de cochon et de chien, préparée de la même manière qu'aux îles de la Société. Ils mangent aussi des volailles domestiques comme les nôtres ; mais elles ne sont ni abondantes, ni fort recherchées. Ils salent leur poisson, et le conservent dans des gourdes, non seulement pour se réserver des provisions en cas de disette, mais par prédilection pour les alimens salés.

Leur cuisine est de la même nature que celle des autres îles de ces mers. Ils ne savent pas toutefois conserver le fruit-à-pain, et en faire, à l'exemple des insulaires des îles de la *Société*, une pâte aigrelette nommée *mahie*. Nous eûmes la satisfaction de leur apprendre cet utile secret, et de nous acquitter ainsi envers eux de l'hospitalité qu'ils nous accordoient. Ils sont, dans leur repas, d'une propreté extrême.

Suivant toute apparence, ils passent leur temps d'une manière simple et uniforme. Ils se lèvent en même temps que le soleil; et, après avoir joui de la fraîcheur du matin , ils prennent quelques heures de repos. Les Earees s'occupent de la construction des nattes et des pirogues : les femmes fabriquent les étoffes : les *towtows* cultivent les champs et vont à la pêche. Diverses sortes d'amusemens les délassent de leurs travaux. Les jeunes gens des deux sexes aiment passionnément la danse : les jours de solemnités, ils exécutent des combats de pugilat et de lutte.

Leurs danses sont semblables à celles des Zélandais et des Otahitiens. Les danseurs se démènent au point de ne pouvoir plus y tenir.

Celui qui s'est donné le plus de mouvemens, et pendant un espace de
temps plus considérable, est réputé
le plus habile.

Leur musique instrumentale est
fort grossière. Ils ont des tambours
de diverses grandeurs, mais point
de chalumeaux, ni de flûtes. Ils
chantent en *partitions* des airs fort
agréables.

Ils ont une grande fureur pour le
jeu. Celui qu'ils préfèrent ressemble
à celui des *dames*, mais il est beaucoup plus compliqué. Le damier est
d'environ deux pieds de longueur.
Il se divise en deux cent trente-
huit cases, disposées sur dix-sept
rangs. Leurs pions sont de petits
cailloux blancs et noirs, qu'ils font
avancer d'une case à l'autre.

Un autre de leurs jeux consiste à cacher une pierre sous un morceau d'étoffe chiffonné. Il faut que le joueur la trouve en frappant avec une baguette. La valeur des enjeux est proportionnée à l'habileté présumée des joueurs.

Les jeunes garçons et les filles sont grands amateurs de courses : les spectateurs parient pour ou contre chacun des coureurs. J'ai vu un homme qui s'arrachoit les cheveux et se meurtrissoit la poitrine, parce que dans une de ces courses il avoit perdu trois haches que nous venions de lui vendre, et qu'il avoit payées avec la moitié de ses richesses.

Les hommes et les femmes de ces îles sont les plus habiles nageurs que nous ayions jamais rencontrés.

Ils ne s'y adonnent pas seulement par nécessité, mais par partie de plaisir. Dans la baie de Karakakoa, les vagues resserrées par des écueils se brisent sur la côte avec une impétuosité extraordinaire, sur-tout dans les gros temps. Ils se faisoient un divertissement de braver ces vagues menaçantes. Vingt ou trente hommes, tenant chacun une longue planche étroite, arrondie par les bouts, partent ensemble de la côte. Ils plongent par dessous la première vague qu'ils rencontrent; et, se laissant entraîner par elle, ils reparoissent au-delà. Une seconde vague arrive et menace de les engloutir, ils plongent encore par dessous, et tournoient avec elle. La plus grande difficulté est de saisir

le

le moment favorable pour plonger; car s'ils attendent un peu trop, la houle les rejette en arrière, et ils ont besoin de toute leur adresse pour ne pas être brisés contre les rochers. Dès qu'ils ont franchi ces obstacles, ils s'asseyent sur leurs planches, et se préparent à regagner le rivage. Il faut pour cela qu'ils se placent sur le sommet de la troisième vague, qui les repousse vers la grève avec une inconcevable rapidité. S'il leur arrive de se placer sans précaution sur les lames plus petites, qui se brisent avant d'atteindre la terre, ou s'ils ne peuvent gagner le sommet de la grande vague, ils sont exposés à la fureur de la lame d'eau qui suit. Pour l'éviter, ils sont forcés de plonger de nouveau, afin de retourner à l'endroit d'où ils sont partis.

Enfin parviennent-ils à la côte, ils ont encore à surmonter un péril qui est le plus affreux de tous. Le rivage est hérissé de rochers qui offrent çà et là de petites ouvertures. C'est par ces ouvertures qu'ils doivent faire passer leur planche. S'ils ne peuvent y réussir, il faut qu'ils la quittent, et que, replongeant par dessous la vague, ils prennent mieux leurs mesures. Cette maladresse est pour eux une sorte de honte. Elle entraîne de plus la perte de la planche, que j'ai souvent vue, en frémissant, brisée en morceaux, au moment même où le nageur la quitta.

Un accident, qui se passa sous

nos yeux, prouve qu'ils sont familiarisés avec ces dangers dès l'âge le plus tendre. Une pirogue, où se trouvoit une femme et sa petite famille, chavira. Un des enfans qui, je crois, n'avoit pas plus de quatre ans, en parut enchanté. Il nagea gaîment autour du canot, jusqu'à ce qu'il fût relevé.

Les enfans ont un jeu qui ressemble à celui du *bilboquet*. Ils jettent en l'air une boule de feuille verte, assujétie par un fil à une cheville pointue par les deux bouts. Ils la reçoivent sur une de ces extrémités, la lancent de nouveau, et la reçoivent sur l'autre pointe. Ils continuent cet exercice pendant long-temps, sans jamais manquer.

Ils ne montrent pas moins d'adresse dans un autre amusement de la même espèce. Ils jettent en l'air un certain nombre de ces boules vertes , et les saisissent l'une après l'autre. Nous avons vu cinq petits enfans s'exercer de cette manière avec cinq boules à la fois.

On a déjà parlé, dans les chapitres qui précèdent, de leur industrie dans les différens genres. Nous ajouterons que les jattes de bois dans lesquelles les chefs boivent de l'*ava* sont d'une sculpture curieuse. Elles ont communément huit à dix pouces de diamètre ; elles sont parfaitement rondes et bien polies. Trois ou quatre figures humaines dans diverses attitudes en supportent la base. Quelques-unes des figures lèvent leurs mains au-dessus de la tête, et les

soutiennent ainsi. Ceux qui en ont
vu m'ont assuré que la proportion
des figures étoit fort exacte , et que
les muscles même étoient marqués.

Ils fabriquent leurs étoffes comme
les Otahitiens. Celles qu'ils veulent
peindre sont d'un tissu épais et solide , composées de plusieurs doubles
collés ensemble. Ils y appliquent
leur peinture, dont les desseins sont
variés, avec une précision et un goût
admirable. Ce qu'ils font en ce genre
est d'autant plus surprenant , qu'ils
n'ont point de modèles, qu'ils prennent toutes leurs mesures à l'œil. Un
morceau de bambou est leur unique
pinceau. La main qui applique les
couleurs est appuyée sur un autre
morceau de bambou, selon la coutume de nos peintres. Des baies et

diverses substances végétales fournissent les principes colorans.

Les femmes sont chargées de tous les détails relatifs à la peinture, qu'elles appellent *kipparee*. Elles donnoient le même nom à notre écriture. Les femmes nous arrachoient souvent les plumes des mains, et nous montroient qu'elles savoient en faire usage aussi bien que nous : en même temps elles disoient que nos *pinceaux* ne valoient pas les leurs. Une feuille de papier chargée d'écriture leur paroissoit une pièce d'étoffe peinte à notre manière. Nous eûmes toutes les peines du monde à leur faire entendre que les figures que nous tracions sur le papier ont une signification que les leurs n'ont pas.

Leurs nattes sont faites de feuilles

de *pandanus*, et présentent de jolis desseins ; il n'est pas de pays où l'on trouve des nattes aussi fortes, aussi fines, et aussi belles. Leurs hameçons de pêche sont de nacre, d'os, ou de bois ; pour prendre les requins, ils emploient des hameçons de six ou huit pouces. Nous reconnûmes à l'essai qu'ils étoient fort supérieurs aux nôtres.

Ils tirent de l'écorce du *touta*, ou arbre à écorce, de quoi façonner leurs lignes de pêche, les cordes avec lesquelles ils font leurs filets, etc. Ils les tordent d'une manière égale, et leur donnent autant de longueur qu'ils le jugent à propos. Un petit arbrisseau, qu'ils nomment *areemah*, leur fournit des cordelettes encore plus fines ; mais ils font les plus belles avec des cheveux, et ne s'en servent que dans leur parure.

L'enveloppe fibreuse de la noix de cocos leur sert à fabriquer divers cordages.

Leurs gourdes sont d'une si énorme grandeur, que quelques - unes tiennent de dix à douze gallons (quarante à cinquante pintes). Pour leur donner la forme qu'ils desirent, ils les serrent avec des ligatures, tandis qu'elles sont encore sur pied. Ils y adaptent des couvercles de la même matière, qui ferment exactement. Depuis qu'ils connoissent le fer, ils y tracent des figures avec un fer chaud, et on les croiroit peintes.

Les habitans des îles Sandwich fabriquent du sel d'une excellente qualité. Leurs salines s ont des excavations quarrées de six ou huit pieds de longueur et de largeur ; leur profondeur est d'environ huit pouces. Le fond est recouvert d'argile. On y introduit l'eau salée par de petits canots, et le soleil opère en peu de temps l'évaporation. Le sel que nous achetâmes à *Atooï* et *Oneehow*, à l'époque de notre première relâche, étoit brun et sale ; mais celui dont nous fîmes emplette, dans la baie de Karakakoa, étoit blanc, d'une bonne qualité, et fort abondant.

Leurs instrumens de guerre sont des piques et des *pahooas*. Les piques sont d'un bois dur et solide, assez semblable à l'acajou. Les plus petites ont six à huit pieds de longueur ; elles sont polies, et leur épaisseur s'augmente insensiblement, depuis l'extrémité inférieure jusqu'à environ un demi-pied de la lance, qui se termine brusquement en pointe, et est garnie de cinq ou six rangs de barbes. Ils les lancent probablement comme les javelines les plus grandes, et c'étoient celles-là dont la plupart des guerriers d'Owhyhée et d'Atooï étoient armés. Elles ont douze à quinze pièces de longueur ; elles se terminent en pointes non barbelées.

La dague, ou *pahooa*, est d'un bois lourd et noir, qui ressemble à l'ébène. Cette arme a un ou deux pieds de longueur. Les guerriers la suspendent à leurs bras, au moyen d'un cordon qui en traverse le manche.

Leurs massues sont de différentes

sortes de bois, de diverses formes
et grosseurs, et d'un travail grossier.
Leurs frondes n'ont rien de remarquable. Un morceau de natte en
forme le fond.

Les habitans sont divisés en trois
classes. La première est celle des
Earées ou chefs de district, qui sont
subordonnés à un chef suprême.
Celui-ci s'appelle, à Owhyhée,
Earée-taboo et *Earée-mohée*. La
première de ces qualifications annonce sa puissance ; la seconde,
que tout le monde est obligé de se
prosterner devant lui, ou, suivant la
signification littérale de ce terme,
de dormir en sa présence.

La seconde classe se compose de
tous ceux qui ont des propriétés,
mais sans exercer d'autorité. Dans

la troisième sont les *towtows*, ou domestiques, qui n'ont ni biens ni puissance.

Les hommages que l'on rendit à Terreeoboo, la première fois qu'il vint nous voir, nous annoncèrent clairement sa dignité. Les naturels se prosternoient à la porte de leurs maisons : deux jours auparavant, les pirogues avoient été frappées du *taboo*, c'est-à-dire de la défense de sortir. Ce prince revenoit de *Mowée*, dont il réclamoit la souveraineté en faveur de son fils *Teewarro*, gendre du dernier roi de cette île. Il faisoit en conséquence la guerre à *Tahéeterrée*, frère du défunt. La plupart de ses guerriers l'avoient suivi dans cette expédition ; mais nous n'avons pu savoir si c'étoit volontairement,

ou

ou en vertu d'une sorte de vassalité.

Quand nous arrivâmes pour la
première fois sur la côte de *Mowée*,.
Terreeoboo étoit dans cette île à la
tête de son armée. Il avoit vaincu
Tahée - terrée , dans un premier
combat, mais on fit un accommodement. Il fut convenu que Tahée-
terrée conserveroit pendant sa vie
les trois îles voisines. Teewarro a été
reconnu pour chef de Mowée. Il suc-
cédera à la souveraineté d'*Owhyhée*
à la mort de Terreeoboo, et à celle
des trois îles voisines de Mowée
après la mort de Tahée-terrée ; s'il
meurt sans enfans, Mahia-mahia
dont nous avons déjà parlé plusieurs
fois sera revêtu du pouvoir suprême,
au préjudice des deux enfans puînés

de Terreeoboo, parce que ceux-ci sont nés d'une femme d'un rang inférieur, et sont en conséquence exclus de tout droit à la succession.

Il paroît incontestable que, dans ces îles, le gouvernement et les titres inférieurs sont héréditaires. Le chef le plus puissant de ces îles, après Terreeoboo, est *Perreorannée*, chef de *Woahoo*. Il envahissoit aussi de son côté les états de Tahée-terrée, mais nous ignorons sous quel prétexte.

Les Earées nous ont paru jouir du pouvoir le plus absolu sur leurs inférieurs. Presque tous les jours nous eûmes des occasions de nous en convaincre. Il faut remarquer cependant que nous ne les vîmes jamais commettre le moindre acte de cruauté, d'injustice, ou même d'insolence : mais ils se traitoient entre eux de la manière la plus arrogante et la plus oppressive, pour peu qu'il y eût d'inégalité dans leurs rangs. En voici un exemple.

Un des chefs subalternes ayant rendu à terre des services à un de nos détachemens, je le présentai au capitaine Cook, qui l'invita à dîner avec nous. Tandis que nous étions à table, Pareea entra dans la chambre. Sa physionomie annonça l'indignation qu'il éprouvoit de voir cet homme si honorablement accueilli. Transporté de fureur, il le saisit par les cheveux, et l'auroit mis dehors si M. Cook n'eût interposé son autorité, et n'eût obtenu de Pareea, par forme d'accommodement, que notre convive demeureroit dans la chambre, qu'il mangeroit assis par terre, et que lui, Pareea, le remplaceroit à table.

Quelques jours après, Pareea lui-même éprouva à son tour un traitement semblable. Terreeoboo étant venu à bord de la *Résolution*, Mahia-mahia, qui l'accompagnoit, trouva Pareea sur le tillac, et l'en chassa de la façon la plus ignominieuse. Nous étions cependant sûrs que Pareea jouoit un grand rôle dans cette île.

Ces insulaires ne paroissent point craindre les vols. Ils ne gardent ni leurs plantations, ni leurs maisons, ni leurs troupeaux de cochons, ni même leurs étoffes. Les champs cultivés sont séparés par des murailles.

De petits pavillons blancs, plantés au milieu des bois, sont les seuls signes de limites et de démarcations.

Nous n'avons pu recueillir que des notions imparfaites sur le mode d'administration de la justice. Il paroît que les contestations entre les particuliers se portent devant les chefs de chaque district, et que les différens entre les chefs eux-mêmes sont jugés par un chef d'un rang plus élevé.

La religion de ces îles ressemble à celle des îles de la *Société* et des *Amis.* Les *moraïs*, les *whattas*, les idoles, les sacrifices, les hymnes sacrés, sont les mêmes dans les trois groupes; avec cette différence que, dans les îles Sandwich, les rites religieux sont plus longs ou plus multipliés. Ce sont, en outre, les seules où nous ayions trouvé une communauté de prêtres. Le chef de cet ordre se distinguoit par le titre honorifique d'*Orono*, que l'on accorda aussi au capitaine Cook. Ils nous regardoient, en général, comme des êtres d'une race supérieure à la leur, et répétèrent fréquemment que le grand *eatooa* résidoit dans notre pays. Ils disoient aussi que l'idole favorite du *moraï* étoit le dieu de Terreeoboo, et qu'il résidoit avec nous.

Leurs moraïs, l'intérieur et le dehors de leurs habitations, sont remplis d'une multitude d'idoles, dont ils faisoient, au surplus, si peu de cas qu'ils n'en parloient qu'avec dédain, et les échangeoient volontiers con-

-tre des bagatelles. Mais il s'en trouvoit toujours une privilégiée, qu'ils revêtoient d'étoffe rouge. Ils battoient du tambour devant elle, chantoient des hymnes, déposoient à ses pieds des touffes de plumes rouges et différens végétaux. Ils déposoient sur un *wattha* voisin un petit cochon et un chien qu'ils y laissoient pourrir.

Quelques-uns de nos messieurs, en se promenant au fond d'une baie, au sud de celle de *Karakakoa*, furent conduits dans une grande maison. Ils y virent une figure humaine noire, appuyée sur les doigts des mains et des pieds. Elle avoit la tête penchée en arrière, les membres bien proportionnés. On lui donnoit le nom de *Maee*. Elle étoit entourée de treize autres figures grossières et bizarres, qui représentoient les *eatooas* de plusieurs chefs morts. On y voyoit beaucoup de *whattas* en échafaudages, garnis de restes d'offrande.

Leurs maisons contiennent d'ailleurs des idoles burlesques et obscènes qui ressemblent aux priapes des anciens.

On a remarqué, dans les relations précédentes, que les habitans de plusieurs îles de la Société et des Amis adorent certaines espèces d'oiseaux. J'ai lieu de croire que le même usage est observé ici, et que les corbeaux sont du nombre de ces volatiles privilégiés. J'en ai vu que les insulaires appeloient *eatooas*; on refusa de me les vendre, quelque prix que j'en offrisse, et l'on m'avertit qu'il ne falloit pas leur faire de mal.

Pendant que l'on prépare de l'*ava*, boisson qui précède toujours les repas, la personne la plus distinguée entonne une espèce d'hymne. Une ou deux autres chantent en chœur, tandis que le reste des convives se démène et frappe des mains, en mesure avec la voix des chanteurs. Dès que l'*ava* se trouve prêt, on en verse d'abord à ceux qui n'ont pas chanté. Ils gardent leurs coupes jusqu'à ce que tout le monde soit servi; puis ils se mettent à chanter en chœur, et boivent la liqueur. Ceux qui ont chanté l'hymne sont servis les derniers, et suivent le même cérémonial. Cela fait, on découpe un morceau quelconque de la viande, et on le dépose avec des végétaux aux pieds de l'image de l'eatooa. On chante un nouvel hymne, et le repas commence.

D'après le témoignage même des naturels, les sacrifices humains sont plus communs parmi eux que dans toutes les autres îles où nous avons abordé. Ils y ont recours dans les grandes occasions, au commencement des guerres, lorsqu'on veut livrer quelque bataille, ou à la mort d'un chef distingué. On nous assura que l'on immoleroit dix *tow-tows*, lorsque Terreeoboo rendroit le dernier soupir. Heureusement les victimes ne connoissent point d'avance le sort qui les attend. On assomme à coups de massues, partout où on les rencontre, ceux qui sont désignés; on les apporte morts à l'endroit où la cérémonie doit avoir lieu. Ayant remarqué au village de Kowrowa un espace de terrain, enclos de murailles, nous demandâmes à un insulaire ce que c'étoit. Cet homme répondit que c'étoit le cimetière d'un chef; puis, nous montrant l'un des angles , il ajouta : « C'est ici que sont enter- » rés le *tangata* et le *wahene-ta-* » *boo* », c'est-à-dire l'homme et la femme sacrifiés lors de ses obsèques.

Ils s'arrachent, dans ces mêmes occasions, quelques-unes des dents du devant de la bouche. Il n'y avoit presque pas un individu des derniè- res classes, et même de chefs, qui n'eût perdu une ou plusieurs de ces dents. C'est un sacrifice propitiatoire qu'ils offrent à l'eatooa pour détourner des malheurs plus grands dont ils se croient menacés.

Nous n'avons pu nous éclairer sur l'idée précise qu'ils se forment d'une vie future. Quand nous leur demandions : Où vont les morts ? Ils répondoient constamment que le souffle, (1) qu'ils regardent com-

(1) C'est la signification des mots latins *anima* et *spiritus* : je cite cette langue ancienne, parce qu'elle est la plus connue, car il ne seroit pas difficile de démontrer la même analogie dans presque toutes les autres. Tous les peuples ont cru que le souffle, la respiration, fonction à la vérité indispensable pour la conservation de la vie, en étoit l'essence.

(*Note du traducteur.*)

me

me l'ame, ou la partie impérissable de l'homme, retournent auprès de l'eatooa. Lorsque nous réitérâmes nos questions, ils semblèrent nous décrire un lieu particulier, où ils supposent que se rendent les ames des morts. Nous n'avons pas découvert s'ils croient à des récompenses et à des punitions dans l'autre vie.

Nous n'avons pu vérifier si le respect, avec lequel les naturels observent le *taboo*, tient à des idées religieuses, ou si c'est un simple acte de soumission envers leurs chefs.

Le terme *taboo* a d'ailleurs une acception qui désigne quelque chose de très-respectable, ou de consacré aux dieux. C'est ainsi que le roi d'*Owhyhée* est qualifié du titre d'*Earee-taboo*: ils nomment une victime humaine *Tongata-taboo*; de même que, dans l'archipel des *Amis*, l'île principale, où le roi fait sa résidence, est nommée *Tonga-taboo* (île sacrée).

Le mariage existe parmi eux, mais je n'en connois ni les effets civilisés ni l'idée religieuse qu'ils y attachent. Plusieurs des chefs, et, entre autres, le roi, avoient plusieurs femmes; mais nous ignorons jusqu'à quel point la polygamie est autorisée parmi eux. Les insulaires d'un rang inférieur paroissent n'avoir jamais qu'une seule épouse.

Nous fûmes témoins d'un fait qui prouve leur penchant à la jalousie.

Nous assistions à un combat de pugilat : un des chefs, nommé *Omeah*, quitta deux ou trois fois sa place; il se rendit auprès de sa femme, et, d'un air fort chagrin, sembla lui ordonner de se retirer. Comme elle étoit fort belle, il craignoit peut-être qu'elle n'excitât trop notre attention. La femme ne voulut point se retirer. Après le spectacle, elle s'approcha de nous, et nous demanda quelques bagatelles. Nous lui fîmes entendre que nous n'en avions pas sur nous, mais que si elle vouloit nous accompagner à notre tente, nous nous empresserions de la satisfaire.

Elle y consentit; mais Omeah, qui s'en apperçut, la saisit par les cheveux, et lui appliqua de vigoureux coups de poing. Cette brutalité, dont nous étions la cause innocente, nous indigna; et nous aurions peut-être vengé son épouse, si l'on ne nous eût avertis qu'O- meah étoit d'un rang très-distingué, et qu'il ne nous convenoit pas de nous immiscer dans cette querelle.

Enfin, à notre grand plaisir, les naturels interposèrent leurs bons of- fices. Le lendemain, nous rencon- trâmes le mari et la femme, qui étoient ensemble, et de très-bonne humeur; mais, ce qui nous surprit beaucoup, la femme nous empêcha de faire à son mari de justes repro- ches sur ce qui s'étoit passé la veille. Elle nous dit clairement qu'Omeah s'étoit comporté comme il le de- voit.

J'assistai deux fois à une partie de leurs cérémonies funéraires. Un jour on m'avertit qu'un des chefs venoit de mourir près de l'endroit où nous résidions. Je me rendis à sa maison; une foule nombreuse étoit assise autour de la première cour de l'habitation où l'on avoit déposé le mort. Un homme, couvert d'un chapeau de plumes rouges, sortit de la maison, s'arrêta à la porte; et, avançant la tête dehors, il se mit à pousser de moment en moment des cris entrecoupés et lamentables, qu'il accompagnoit des grimaces et des contorsions les plus effroyables.

Pendant qu'il jouoit cette pantomime, on étendit une grande natte au milieu de sa cour. Deux hommes et treize femmes sortirent de la maison, et s'y assirent sur trois lignes égales. Les deux hommes et trois de ces femmes occupoient le premier rang.

Les femmes avoient le cou et les mains décorés de palatines de plumes : elles portoient sur leurs épaules de larges feuilles vertes, découpées d'une façon très-curieuse. Dans un des angles de la cour, auprès d'une petite cabane, se tenoient six jeunes garçons qui agitoient, soit de petites bannières blanches, soit de ces baguettes qu'ils ont coutume d'employer pour le *taboo*.

Les quinze personnes qui s'étoient assises sur la natte entonnèrent une chanson mélancolique, d'un ton grave, d'une mesure lente, qu'elles accompagnèrent de mouvemens du corps et des bras. Cette musique duroit déjà depuis quelque temps, lorsqu'elles s'accroupirent d'une façon qui tient le milieu entre l'attitude d'une personne à genoux et celle d'une personne assise. Puis elles augmentèrent peu à peu la vîtesse de leurs gesticulations, jusqu'à ce qu'elles fussent arrivées à une extrême rapidité. La musique suivoit les mêmes gradations.

Un tel exercice étoit trop violent pour durer long-temps; aussi les principaux acteurs de la cérémonie se ralentissoient par intervalles. Une heure après, quand ce cérémonial se trouva fini , quatre ou cinq vieilles femmes, au nombre desquelles étoit la veuve du chef, sortirent à pas lents de la maison. Puis, s'etant assises devant la première troupe, elles jettèrent des cris lamentables, et déplorèrent leur perte. Les treize autres femmes se réunirent à leurs plaintes, tandis que les hommes restoient la tête baissée, l'air rêveur et pensif.

Je fus, en cet instant, obligé de retourner à l'observatoire. Je revins une demi-heure après, et les retrouvai encore dans la même posture. Je me promis de revenir le lendemain de très-bonne heure pour voir la suite de ces mêmes obsèques.

Je m'y trouvai en effet dès qu'il fit jour; mais, à mon grand déplaisir, toute la foule étoit dispersée; un morne silence régnoit de toutes parts. On me fit entendre qu'on avoit enlevé le corps, mais je ne pus apprendre ce qu'on en avoit fait. Je fus interrompu par trois femmes qui s'approchèrent de moi : elles étoient accompagnées de domestiques armés de *chasse-mouches*. Nous nous assîmes, et entamâmes la conversation : elles m'instruisirent que ma présence empêchoit l'accomplissement de quelques rites essentiels. Je me retirai à l'écart ; et à peine me trouvai-je hors de la portée de la vue, que j'entendis leurs cris et leurs vociférations. Peu d'heures après, j'allai les rejoindre, et je vis qu'elles s'étoient barbouillées de noir toute la partie inférieure du visage.

Je fus, une seconde fois, témoin de ces cérémonies, à l'occasion du décès d'un homme du peuple. Des cris plaintifs que j'entendis sortir

d'une pauvre cabane, me détermi-
nèrent à y entrer. J'y trouvai une
femme âgée et sa fille pleurant sur
le corps d'un vieillard qui venoit
de mourir. Leur premier soin fut
de jeter des étoffes sur le défunt ;
puis, s'étant couchées à ses côtés,
et ayant retiré l'étoffe par dessus
elles, elles chantèrent languissam-
ment, et à plusieurs reprises, dans
leur langue : *O mon père ! ô mon
mari !* Une fille plus jeune, cou—
verte d'étoffes noires, et prosternée
le visage contre terre, dans un coin
de la hutte, répétoit les mêmes
mots.

Je trouvai à la porte, quand je
sortis, plusieurs de leurs voisins qui
écoutoient dans un silence profond
les exclamations lugubres de ces

femmes. Jugeant cette occasion favorable pour découvrir de quelle
manière ils disposent des morts, je
fis, avant de me mettre au lit, po-
ser des sentinelles dans les environs de la maison. Je leur re-
commandai de m'avertir bien vîte
s'ils s'appercevoient que les insulaires fissent des préparatifs pour
emporter le cadavre. Mais leur vigilance fut mise en défaut. Le lendemain matin, le mort avoit disparu.
Je demandai aux naturels ce qu'ils
avoient fait. Ils me désignèrent la
mer avec leurs doigts. Sans doute,
ils vouloient m'indiquer par-là que
le mort avoit été jeté au milieu des
flots ; ou bien qu'on l'avoit porté
au-delà de la baie, dans un *moraï*
d'une autre partie de l'île.

CHAPITRE XXV.

Départ d'Oneehow. — Recherche infructueuse de l'île de Modoopapappa. — Route vers la baie d'Atwaska. — Arrivée sur la côte du Kamtschatka. — Hâvre de Saint - Pierre et Saint-Paul. — Description des habitans du pays. — Description de Bolcheretsk.

Le 15 mars, nous mîmes à la voile, et voguâmes dans la direction où doit se trouver l'île de *Modoopapappa*, dont nous ont parlé les naturels. Mais ne l'ayant apperçue ni ce jour-là ni le jour suivant, nous perdîmes l'espoir de la découvrir. Peut-être l'avions-nous dépassée

pendant

pendant la nuit, car les habitans des îles Sandwich nous avoient avertis qu'elle étoit fort petite et d'une médiocre élévation.

M. Clarke jugea à propos de suivre le même degré de latitude, jusqu'à ce que nous eussions atteint le méridien d'Atwaska, pour cingler ensuite au nord, vers le hâvre de Saint-Pierre et Saint-Paul. Croyant cette route tout-à-fait nouvelle, il espéroit faire de nouvelles découvertes, mais son espoir ne se réalisa pas. Aussi, dès le 26, il donna ordre de prendre le chemin le plus court. Le temps étoit mauvais; il étoit difficile de tenir la mer. Nous étions encore obligés de veiller attentivement à la conservation de la santé des équipages. Il falloit con-

traindre les matelots à raccommo-
der leurs habits : on ne sauroit
croire combien cette classe d'hommes, accoutumée à s'en rapporter à
la surveillance, à la prévoyance des
officiers, s'occupe peu de l'avenir.
Si les nôtres eussent été livrés à eux-
mêmes, ils se fussent trouvés nus
au milieu du voyage. Ils savoient
bien que nous devions retourner
dans la mer Glaciale, et cependant
ils abandonnoient leurs habits d'hiver comme des choses inutiles : il
falloit que les officiers les fissent
recueillir et en fissent faire des paquets.

La *Résolution* avoit, depuis son
départ des îles Sandwich, une voie
d'eau qui nous incommodoit beaucoup. Le 13 et le 14, elle pensa nous

mettre dans un grand danger. Tout le vaisseau étoit inondé ; il n'y avoit pas un seul endroit sec où nos gens pussent se coucher ; mais leur gaieté n'étoit point pour cela altérée.

Nous ne rencontrâmes ni la terre que M. de l'Isle a placée sur sa carte, sous le nom de *Rica de la Plata*, ni la prétendue terre de *Gama*. Au surplus, des indices, tels que des troupes d'oiseaux et des morceaux de bois flottans, parois- soient indiquer le voisinage des terres.

Le 18, arrivés au 45e degré 40ʹ de latitude, nous commençâmes à éprouver la rigueur du climat. Nous eûmes de la neige et des raffales de pluie neigeuse, venant du sud-ouest, chose bien extraordinaire pour la

saison , et par un tel rumb de vent.
Le lendemain , le thermomètre se
tint au degré de la glace. Dans les
premiers jours du mois , nous avions
éprouvé des chaleurs insupportables.
On conçoit combien cette variation
subite dut nous incommoder.

Le 23 , nous apperçûmes la côte
d'Asie. De hautes montagnes, couvertes de neige, bornoient l'horison.
Jamais on ne vit une contrée aussi
affreuse , aussi sauvage. La côte
est roide et uniforme : il ne s'y trouve
ni anses ni baies ; le terrain s'élève
en collines médiocres, au-delà desquelles sont d'énormes chaînes de
montagnes, dont les cimes affron-
tent la nue.

Le 24, il tomba de la neige en
si grande abondance, que notre bâ-

timent ressembloit à un bloc de glace. Les cordages étoient si surchargés de glaçons, qu'ils offroient une circonférence double de leur grosseur ordinaire. Enfin le plus aguerri de nos matelots n'avoit jamais vu une pluie de neige ni un froid si opiniâtres.

Le 25, nous apperçûmes un instant l'entrée de la baie d'Atwatska ; mais nous ne jugeâmes point prudent d'essayer d'y pénétrer par un aussi mauvais temps ; nous reprîmes le large, et perdîmes la *Découverte* de vue.

Le 28, voyant que le dégel étoit prochain, les matelots brisèrent les glaçons qui embarrassoient les cordages, de peur qu'ils ne leur tombassent sur la tête. Ce même jour,

BIBLIOTHÈQUE ROYALE

nous nous disposâmes à entrer dans la baie. Il y a sur la pointe septentrionale un corps-de-garde qui sert de fanal quand les Russes attendent quelques-uns de leurs vaisseaux. Un bâton de pavillon y étoit arboré, mais nous n'y vîmes aucune trace d'habitation.

Le milieu de la baie étoit rempli de glaces flottantes. Nous cherchâmes avec nos lunettes *la ville de Saint-Pierre et Saint-Paul* dont on nous avoit parlé à Oonalashka, comme d'une place importante. Enfin nous découvrîmes, sur un promontoire, au nord-nord-est, de misérables cabanes de bois, et des huttes coniques élevées sur des perches. On n'y comptoit pas en tout plus d'une trentaine d'habitations ; mais je ne

puis me refuser de rendre justice à
la généreuse hospitalité que nous
rencontrâmes dans cet endroit. Nous
avons pu nous méprendre sur la
beauté de la ville, mais nous étions
loin de compter sur un accueil aussi
obligeant. En effet, dans ce coin du
globe habitable, dont l'aspect sauvage et misérable surpasse toute description, où la civilisation ne trouve
guère d'accès ; dans cette région
barricadée de glaces et couverte de
neiges, même pendant l'été ; dans
ce port misérable, bien inférieur à
la dernière bourgade de pêcheurs,
nous éprouvâmes les effets d'une
sensibilité magnanime et désinté-
ressée, qui feroit honneur à la nation la plus polie, établie sous le
plus heureux climat.

Le lendemain, je fus chargé de remettre au commandant russe les lettres que nous avions reçues à Oonalashka. Je pensai d'abord que personne n'avoit apperçu ni la *Résolution* ni ses chaloupes ; car , même après notre débarquement, nous ne vîmes pas une seule personne dans la bourgade.

Après avoir fait quelque chemin sur la glace , nous découvrîmes un groupe d'habitans qui venoient à nous , et s'en retournoient à la hâte.

Cependant un homme , monté sur un traîneau que conduisoient des chiens, parut sur la grève en face de nous. Tandis que nous examinions ce singulier attelage , et que nous admirions d'avance l'humanité de

ce bon étranger, auquel nous sup-
posions l'intention de nous donner
des secours, il rétrograda brusquement, et reprit à la hâte le chemin
du village. Ce prompt départ nous
affligea vivement. Nous commen-
cions à trouver fort difficile, et
même fort dangereux, de marcher
sur la glace. Nous enfoncions à
chaque pas jusqu'au genou dans la
neige. Quoique le fond en fût assez
solide, comme nous n'en connois-
sions pas les endroits foibles, nous
risquions à tout instant de la briser,
et de tomber dans la mer.

Ce fut précisément ce qui m'arriva.
Je voulus passer très-vîte sur un
endroit suspect ; mais, avant qu'il
me fût possible de m'arrêter, je me
trouvai sur un autre tout aussi dan-

gereux, qui rompit sous moi, et je m'enfonçai dans l'eau. Je parvins heureusement à me débarrasser de la glace qui m'environnoit. Un des matelots, qui n'étoit pas éloigné, me jeta une *gaffe* (bâton ferré) que je fixai en travers de quelques glaçons flottans, et je me relevai.

Plus nous approchions de la côte, plus la glace étoit rompue. Toutefois nous eûmes la satisfaction de voir un traîneau venir au-devant de nous; mais, au lieu de nous secourir, le conducteur s'arrêta, et se mit à nous faire des questions qu'il nous étoit impossible d'entendre. Je voulus lui jeter les dépêches d'Ismyloff; mais, au lieu de les prendre, il s'en retourna à la hâte, chargé, je le crois, des imprécations de ma petite troupe.

Ne sachant à quoi nous attendre, d'après cette réception, nous continuâmes avec circonspection notre route vers la ville. Quand nous n'en fûmes plus éloignés que d'un quart de mille, un corps d'hommes armés parut et se mit en marche vers nous. Pour ne point les alarmer, j'ordonnai aux deux matelots armés de *gaffes* de rester en arrière : M. Webber et moi nous nous avançâmes. Le détachement russe étoit composé de trente soldats, commandé par un homme d'une figure intéressante, qui tenoit une canne à la main. Il s'arrêta à quelques toises de nous, et fit ranger son monde en bataille. Je lui donnai les lettres d'Ismyloff, et tâchai de lui faire entendre que nous étions Anglais, et que ces papiers venoient d'*Oonalashka*. J'ai su par la suite que je ne fus pas compris.

Après nous avoir bien attentivement examinés, il nous fit prendre le chemin de l'*Ostrog* (1), en nous conduisant en silence, et avec beaucoup d'appareil. Il ordonnoit souvent à sa petite troupe de s'arrêter, et d'exécuter diverses évolutions : il l'exerçoit au maniement des armes, afin de nous montrer que si nous avions l'audace de recourir à la violence, nous aurions affaire à des gens qui savoient bien leur métier.

(1) Nom que les Russes donnent aux bourgades fortifiées seulement de palissades.

Quoique

« Quoique mes habits fussent tout mouillés, que le froid m'occasionnât un frisson dans tous mes membres, et que ces délais survinssent bien mal-à-propos, je ne pus cependant m'empêcher de rire de cette parade militaire.

Enfin nous arrivâmes à la maison de l'officier qui commandoit le détachement. On nous y fit entrer : on plaça avec beaucoup d'ostentation des sentinelles aux portes ; et le maître du logis parut accompagné d'une autre personne que nous jugeâmes devoir être le secrétaire du port. Ils ouvrirent une des lettres d'Ismyloff : un exprès porta la seconde à Bolcheretsk, ville située sur la côte occidentale de la presqu'île du Kamtschatka, où le gouverneur

de cette province fait sa résidence
habituelle.

J'avois conjecturé avec raison
que les habitans n'avoient point apperçu notre vaisseau la veille ; ils
ne nous avoient apperçus que dans la
matinée , et en avoient ressenti une
grande terreur. La garnison prit
aussitôt les armes. On plaça deux
pièces de campagne, à l'entrée de
la maison du commandant, et on
les dirigea sur nos bateaux. Les
boulets , la poudre , et les mêches
allumées, furent déposés au pied des
canons.

L'officier chez lequel nous nous
trouvions étoit un sergent : il commandoit à l'*Ostrog*. Revenu de l'é-
pouvante que nous lui avions causée , il nous traita avec toute l'hos-

.pitalité et toute la bienveillance possibles. Il régnoit dans son habitation une chaleur étouffante, mais d'une propreté extrême.

Il porta la civilité jusqu'à me prêter un de ses vêtemens complets. Lorsque j'eus changé d'habits, il nous pria de nous mettre à table. Je suis sûr qu'il nous servit ce qu'il avoit de meilleur, et nous fîmes une fort bonne chère, eu égard au peu de temps qu'avoient duré les préparatifs du repas. Ses gens n'avoient pas eu assez de temps pour préparer de la soupe et du bouilli ; mais on nous servit, à la place, des tranches de bœuf froides, sur lesquelles on versa de l'eau chaude.

On nous servit ensuite pour rôti un oiseau que je ne connoissois

point , mais d'un goût délicieux.
Nous ne le mangeâmes qu'en partie.
Il fut remplacé par des poissons
apprêtés de deux façons différentes ;
bientôt après, on rapporta le reste de
la volaille accommodée en ragoût.
Nous bûmes du *quass* , liqueur
faite avec du genièvre distillé ,
et ce fut ce qu'il y eut de plus mauvais dans le repas. La femme du
sergent apporta elle-même quelques-
uns des plats ; mais elle n'eut pas la
permission de dîner avec nous.

Nous jouâmes tous pendant le
dîner le rôle de sourds et muets,
faute de pouvoir nous entendre ;
lorsqu'il fut fini , nous essayâmes
d'expliquer à notre hôte le but de
notre relâche dans ce port. Sans
doute , la lettre d'Ismyloff l'avoit

instruit à cet égard, et il parut bien m'entendre, mais je ne pus deviner ses réponses. Tout ce que j'en pus conjecturer, c'est que cet endroit ne fournissoit ni vivres ni provisions navales; que ces articles se trouvoient en quantité à *Bolcheretsk*; que, selon toute apparence, le gouverneur de la province s'empresseroit de pourvoir à nos besoins, mais que jusqu'à ce que ses intentions fussent connues, aucune des personnes ni de la garnison ni des habitans de la bourgade n'oseroient se rendre à bord de nos vaisseaux.

Il étoit temps de nous en aller; mais, comme mes habits étoient encore beaucoup trop humides, je priai le sergent de me permettre d'emporter ceux qu'il avoit bien voulu me prêter. Il y consentit volontiers, et procura immédiatement à chacun de nous un traîneau attelé de cinq chiens, et conduit par un habitant du pays. Nos matelots furent charmés d'avoir une semblable voiture, et sur-tout de ce qu'on transportoit leurs *gaffes* sur un traîneau particulier. Graces à la légèreté et à l'ingénieuse construction de ces machines, nous allâmes très-vîte sur la glace, et avec beaucoup de sûreté.

Le lendemain, la *Résolution* étant amarrée près de la glace, on s'occupa à réparer la voie d'eau. La chaleur de la journée occasionna la rupture des glaces ; il se fit une débâcle générale. Plusieurs de nos messieurs allèrent voir le sergent qui leur fit le meilleur accueil. Le capitaine Clarke lui envoya deux bouteilles de rhum, et reçut en retour de superbes volailles et vingt truites.

Le jour suivant, premier de mai, la *Découverte* nous rejoignit. M. Gore n'avoit pas pu entrer plus tôt dans la baie, parce que l'entrée en étoit obstruée par les glaces.

Le 3, la réponse du gouverneur arriva ; l'exprès, dont le traîneau étoit attelé de deux chiens, avoit parcouru, en trois jours et demi, un espace de deux cent soixante-dix milles (quatre-vingt-dix lieues). On nous cacha pour ce moment la réponse ; le sergent me dit qu'on nous en feroit part le lendemain.

Le 4, plusieurs traîneaux parurent sur la lisière de la glace. Un de nos canots alla chercher les habitans qui le montoient. Il s'y trouvoit, entre autres, un marchand russe de Bolcheretsk, nommé *Phedositsch*, et un Allemand, nommé Port, chargé d'une lettre du major Behm, gouverneur du Kamtschatka, à l'adresse de M. Clarke. La grandeur de nos vaisseaux parut les alarmer ; ils exigèrent que deux de nos matelots restassent à terre comme ôtages, pour répondre de leurs personnes. Je fus instruit par la suite qu'Ismy-loff, dans sa lettre au gouverneur, avoit, je ne sais par quelle raison, parlé de nos vaisseaux comme de deux petits navires marchands. Le sergent, qui ne les avoit vus que de très-loin, n'avoit pas songé à relever cette erreur.

Leur timidité, leur extrême réserve, nous annonçoient des craintes mal fondées; mais leur physionomie s'épanouit, en trouvant parmi nous un Allemand avec lequel ils pouvoient s'entretenir. C'étoit M. Webber qui, après beaucoup de peines, finit par leur faire entendre que nous étions Anglais, et leurs bons amis.

La lettre écrite à M. Clarke étoit en allemand; elle ne renfermoit que des félicitations. Le capitaine et ses officiers étoient invités à se rendre à *Bolcheretsk*, sous la conduite de Port et de Phedositsh. *Port* ajouta que le gouverneur avoit conçu, d'après la dépêche d'Ismyloff, une très-fausse idée de la grandeur de nos bâtimens ; que celui-ci en avoit parlé comme de deux petits *paquebots* (1) anglais , et avoit même averti le gouverneur de se tenir sur ses gardes , parce qu'il nous prenoit pour des pirates.

D'après cette missive, on avoit formé, sur notre compte, à Bolcheretsk , les plus bizarres conjectures. Le major vouloit bien croire que nous n'étions occupés que du com-

(1) *Paquet-boat*, terme qui n'a point d'analogie dans notre langue , et que nous n'employons guère que pour désigner les petits bâtimens qui transportent des passagers de Douvres à Calais et de Calais à Douvres.

(*Note du traducteur.*)

merce, et qu'en conséquence il nous avoit envoyé un marchand. Mais son lieutenant s'obstinoit à croire que nous étions Français : il nous supposoit des desseins hostiles, et vouloit que l'on prît des mesures en conséquence. Telle étoit l'épouvante qu'avoit jetée dans toute la province le seul soupçon que nous étions Français, qu'il avoit fallu toute l'autorité du gouverneur pour empêcher les habitans de déserter la ville, et de se réfugier dans l'intérieur des terres.

Ce qui occasionnoit sur-tout cette vive inquiétude, c'étoit un soulèvement arrivé quelques années auparavant, et dans lequel le commandant de Bolcheretsk avoit perdu la vie. Un officier polonais, nommé Beniows-

ky, exilé dans ce pays, s'étoit emparé
d'une galiotte mouillée à l'entrée de
la *Bolschoïreeka*, et s'étoit assuré
d'un nombre de matelots russes suffi-
sant pour conduire le navire, et avoit
débarqué le reste sur les îles *Kuriles*.
Ismyloff étoit du nombre de ces derniers. C'est ce même évènement qu'il
nous avoit raconté à Oonalaskha,
et que nous comprîmes assez mal.

On ajouta que *Beniowsky* avoit
passé à la vue du Japon, que dans
l'île Luçon il avoit pris des informa-
tions sur la route de Canton. Arrivé
dans ce port de la Chine, il s'embar-
qua sur un vaisseau français de l'Inde
qui retournoit en Europe. La plûpart
des Russes étoient également retournés en Europe sur des bâtimens
français, et étoient ensuite retournés

nés à Saint-Pétersbourg. Nous rencontrâmes dans le hâvre de *Saint-Pierre et Saint - Paul* trois des hommes qui avoient composé l'équipage de Beniowsky.

Il nous fut impossible de ne pas rire en reconnoissant les alarmes et les inquiétudes de ces bonnes gens, sur-tout quand M. Port nous eut parlé de la singulière mesure qu'avoit prise le sergent la veille. Il l'avoit fait cacher dans sa cuisine, ainsi que le marchand Phedositsch, et leur avoit recommandé d'écouter bien attentivement nos discours, afin de s'assurer si nous étions véritablement Anglais.

Le costume de M. Port et la commission dont il étoit chargé nous firent juger qu'il étoit sans doute

3e Voyage. T. 1v. L

le secrétaire du gouverneur : nous le reçûmes avec tous les égards dus à cette qualité. M. Clarke le retint à dîner, ainsi que Phedositsch.

Le ton de supériorité que prit celui-ci nous fit bientôt reconnoître que M. Port n'étoit qu'un domestique. Mais ce n'étoit pas le cas de sacrifier à l'orgueil les petits agrémens que sa société nous procuroit, et nous ne voulûmes pas même lui demander quel étoit son rang, afin que rien ne nous dispensât de le traiter en égal, d'autant mieux qu'il nous servit d'interprète.

Nous commençâmes par prendre des renseignemens sur la nature des provisions qu'il seroit possible de nous procurer; mais on nous dit qu'elles étoient fort rares, et qu'on ne pourroit nous vendre que deux génisses.

Le 7, M. Clarke m'envoya auprès du gouverneur, et me donna M. Webber pour interprète; nous partîmes sur les canots des vaisseaux, et remontâmes ensuite la rivière d'*Atwatska* sur des bateaux du pays. Le capitaine Gore, MM. Port et Phedositwh, et deux cosaques, furent de la partie.

Le bateau sur lequel nous montâmes étoit conduit par six rameurs, dont deux étoient cosaques, et les autres kamtschadales. Ils supportèrent ce rude travail avec une ardeur infatigable; et, dans l'espace de dix heures, ils ne se reposèrent qu'une fois, afin de prendre des rafraîchissemens. La nuit nous surprit en route. Nous dressâmes à terre une petite tente; nous allumâmes un grand feu, et bûmes quelques jattes de thé. Les Kamtschadales dressèrent notre tente, et apprêtèrent nos provisions avec une vîtesse sans égale; mais, à notre extrême surprise, ils n'avoient pas oublié leurs théières. Ils regarderoient comme la plus grande des privations de ne pas boire du thé deux ou trois fois par jour.

Dans la matinée du 8, avant que nous fussions arrivés à l'ostrog de *Karatchin*, le *toïon*, ou principal magistrat du lieu, instruit de notre voyage, nous avoit fait disposer des embarcations plus légères et plus propres à la navigation du haut de la rivière. Il nous fournit un bateau commode, composé de deux canots réunis par des barres transversales, et doublé de peaux d'ours. Nous fîmes cette partie de notre route avec plus de promptitude que l'autre. Nous atteignîmes *Karatchin* sur les dix heures. Un groupe d'habitans des deux sexes, dans leurs habits de fêtes, vint nous recevoir au bord de la rivière. Les femmes étoient revêtues d'une robe flottante de nankin blanc qui leur serroit le cou, et étoit attachée à un collier de soie. Par dessus, elles portoient une jaquette courte et sans manches, composée de morceaux de nankins de diverses couleurs, et des jupons d'une légère étoffe de soie de la Chine.

Leurs chemises, dont les manches descendoient jusqu'au poignet, étoient également en soie; leurs têtes étoient enveloppées de mouchoirs de soie de couleur. Les femmes mariées avoient les cheveux entièrement couverts.

Cet *ostrog* est situé agréablement sur le bord de la rivière. Il consiste en trois maisons de bois, trois *jourtes*, ou demeures souterraines, et treize *balagans* ou cabanes d'été. On nous mena d'abord à la maison du *toïon*, homme d'une physionomie heureuse, né d'une mère russe et d'un Kamtschadale. Cette maison se divisoit en deux chambres, comme toutes celles du pays.

Il n'y avoit dans la première d'autre meuble qu'une longue table environnée d'un banc ; l'autre servoit de cuisine. Le mobilier n'en étoit ni plus riche ni plus recherché; mais les aimables attentions de notre hôte, l'accueil touchant qu'il nous fit, nous dédommagèrent amplement du peu de faste de son habitation. Sa femme faisoit on ne peut mieux la cuisine. Tandis que nous dînions dans cette pauvre cabane, à l'extrémité du monde, au milieu d'une peuplade, dont jusqu'alors nous avions à peine la moindre idée, une vieille cuiller de cuivre, dont la forme ne nous étoit pas inconnue, attira nos regards.... En l'examinant, nous y vîmes gravé le mot *London.* Je n'ai pu résister à la tentation de consigner dans cet écrit les émotions agréables, les espérances inquiètes, les souvenirs affectueux que cette légère circonstance réveilla en nous. Ceux qui ont éprouvé les effets d'une longue absence, ceux qu'une distance immense a long-temps séparés de leur patrie, concevront sans peine le plaisir que l'on peut trouver dans des choses aussi frivoles en apparence.

Nous devions cesser à *Karatchin* notre voyage par eau, et faire le reste du trajet en traîneaux. Mais la chaleur du soleil ayant fait fondre la surface de la neige, il fallut attendre jusqu'au soir, afin que le froid la fît durcir. Nous eûmes, en conséquence, le temps de nous pro-

mener autour du village, la seule
partie de cette contrée, où, depuis
notre débarquement, nous n'eussions
pas trouvé de neige. Les feuilles des
arbres commençoient à bourgeon-
ner. La verdure de tout ce canton
formoit un singulier contraste avec
les flancs neigeux des hauteurs voisines. Le terroir me parut convenir
à la culture des plantes potagères,
et je fus très-étonné de le trouver en
friche. Les habitans quittoient alors
leurs demeures d'hiver, pour entrer
dans celles d'été; l'approche de la
belle saison ne contribuoit pas peu
à entretenir leur bonne humeur.

Après souper, nous nous couchâmes sur des nattes, en attendant
le moment du départ.

Vers neuf heures du soir, nous

fûmes éveillés par les hurlemens plaintifs des chiens. Leurs vociférations continuèrent pendant tout le temps qu'on employa à charger les bagages. Au moment du départ, ils firent entendre un jappement doux et gai, qui cessa tout-à-fait quand ils furent en marche.

(La planche 21 du troisième atlas présente la forme des traîneaux : elle a été faite d'après une de ces machines que j'ai apportée en Angleterre, et qui existe dans le cabinet de *sir Ashton Lever*). La longueur de la charpente est d'environ quatre pieds et demi, sa largeur est d'un pied. Elle est composée d'une banquette curviligne, d'un bois à-la-fois dur et léger, et offrant une médiocre courbure. Des liens d'osier en fixent solidement les diverses parties. Ceux qui appartiennent à des gens riches sont peints en rouge et en bleu : le siège est garni de peau d'ours, ou d'autres fourrures.

La banquette est supportée par quatre poteaux de deux pieds de hauteur environ, lesquels aboutissent à deux longues pièces de bois, dont la pointe est recourbée en-dessus, comme celle de nos patins. Des os d'un animal marin servent en quelque sorte de *semelles*.

Le devant du traîneau est décoré de bandes de cuir, de glands en étoffes de couleur, d'anneaux de fer ou de clochettes, dont l'objet est apparemment d'exciter les chiens par un bruit continuel.

Il ne monte ordinairement qu'une personne à-la-fois sur chaque traîneau : le conducteur s'assied de côté ; ses pieds touchent les montans inférieurs ; il a, dans un paquet, derrière lui, ses provisions, et d'autres objets utiles. Ordinairement le traîneau est attelé de cinq animaux, dont le cinquième est en *flèche.* Comme les rênes n'assujétissent point les chiens par la tête, mais par le cou, elles produisent peu d'effet. Aussi le Kamtschadale les laisse-t-il flotter, et ne conduit les chiens que par les seules inflexions de sa voix. Le premier de ces animaux sert de guide, et l'on choisit ordinairement parmi ceux qui sont le mieux dressés. Telle est la valeur que leur donnent leur docilité

et

et leur constance, qu'on les paye quelquefois 40 roubles.

Au lieu de fouet ou de guides, le conducteur se sert d'un bâton crochu. En frappant la neige, il modère à son gré la vîtesse des chiens, et les arrête même tout-à-fait. Si ces animaux sont paresseux, ou peu dociles à sa voix, il les punit en leur jetant son bâton. Il le ramasse avec une prestesse étonnante, et c'est là la principale difficulté du métier. Les Kamtschadales assurent que s'ils perdoient leur bâton, les chiens s'en appercevroient tout de suite. Pour peu que le conducteur perdît de son sang-froid, ils ne manqueroient pas de s'emporter, et ne s'arrêteroient que lorsqu'ils seroient excédés de fatigue. En attendant, ils renversent le traîneau, le brisent contre des arbres, ou se jettent avec lui dans un précipice, où ils sont ensevelis sous la neige, ainsi que le conducteur.

Nous aurions eu bien de la peine à croire tout ce qu'on nous a rapporté de leur patience inconcevable à supporter la fatigue et la faim, si nous n'eussions pas reçu l'attestation de témoins irrécusables.

Pendant l'hiver, on donne pour nourriture aux chiens des restes de poissons secs, ou du poisson pourri ; mais on a soin de les priver de ces tristes alimens la veille du jour où ils doivent partir pour un voyage ; on ne leur permet de manger que lorsqu'ils touchent au terme de leur course.

On les fait quelquefois jeûner deux jours de suite; et l'on assure que, pendant cet espace de temps, ils parcourent une étendue de 120 milles (40 lieues).

N'osant pas nous en rapporter à notre adresse, nous avions chacun sur notre traîneau un homme pour le diriger. Le dégel avoit déjà fait tant de progrès, que nous fûmes souvent obligés de marcher à pied. Nos guides portèrent, pendant plusieurs milles, sur leurs épaules, la partie inférieure des traîneaux; ils avoient, pour cela, des souliers propres à marcher dans la neige. Mon guide, à moi, étoit un cosaque de fort bonne humeur, mais si peu adroit d'ailleurs, que nous versions à tout instant, au grand divertissement de toute la caravane. Elle se composoit de dix traîneaux. Celui de M. Gore étoit double, et attelé de dix chiens, placés sur trois lignes.

La pluie nous surprit au milieu de la nuit. Ce contre-temps nous força de nous arrêter. Nous *jetâmes l'ancre* dans la neige (si j'ose me servir de cette expression, mais elle donne une juste idée de la manière dont on fixe les traîneaux). Enfin, nous étant remis en marche au point du jour, nous arrivâmes le lendemain au village de *Natcheekin*. Ce misérable hameau, outre la maison de bois du *toïon*, renferme cinq *balagans* et une seule *jourte*, ou habitation d'hiver. On nous y accueillit avec le même cérémonial et les mêmes attentions qu'au village de *Karatchin*. Dans l'après-dînée, nous allâmes examiner des sources chaudes qui se trouvent près de là.

On voyoit d'assez loin la vapeur qui s'en exhaloit, comme d'une chaudière remplie d'eau bouillante. En nous en approchant, nous trouvâmes l'air imprégné d'une forte odeur sulfureuse.

Le bassin de la plus grande de ces sources a trois pieds de diamètre. Le sol d'alentour est entrecoupé de sources plus petites et chaudes au même degré. Tout cet espace de terre, qui occupe près d'une acre, est si chaud, qu'il nous étoit impossible de rester deux minutes à la même place. On recueille l'eau de ces sources dans un étang où l'on se baigne ; elle s'écoule ensuite dans la rivière, par un petit ruisseau long d'environ soixante-dix à quatre-vingts toises.

Les gens du pays prétendent que ces bains ont opéré la guérison de plusieurs maladies rhumatismales et scrofuleuses.

Le 10, nous nous embarquâmes sur la *Bolchoïreka*. Favorisés par le courant, nous espérâmes atteindre, le lendemain, le terme de notre voyage. Le paysage étoit pittoresque, mais peu varié. La rivière suivoit son cours entre des montagnes stériles et escarpées. Des ours, des volées d'oiseaux sauvages, étoient les seuls objets qui animassent la scène. Cette nuit, et la nuit suivante, nous couchâmes dans notre tente au bord de la rivière, et ce ne fut pas sans être beaucoup incommodés par le froid et par la neige.

Le 12, nous arrivâmes à l'ostrog d'*Opatchin*. Nous y fûmes reçus par un sergent et quatre soldats russes, qui envoyèrent de suite un bateau à *Bolcheretsk* pour annoncer notre arrivée an gouverneur.

Ici, nous nous séparâmes du bon M. *Port*, qui eut la franchise de nous dire, avant de partir, qu'il ne méritoit pas les égards dont nous l'avions comblé.

Nous nous embarquâmes sur un bateau magnifique, et vîmes, avec quelque chagrin, en nous approchant de *Bolcheretsk*, qu'on se préparoit à nous recevoir en cérémonie. Depuis long-temps, nos habits étoient usés. Notre accoutrement offroit une bigarrure assez plaisante des modes européennes, indiennes, et kamtschadales. Nous aurions bien voulu dispenser le gouverneur de venir nous recevoir à la porte de la ville, mais il insista, et nous le saluâmes de la manière du monde la plus gauche; car, depuis deux ans et demi, nous avions eu le temps d'en perdre l'habitude. Le gouverneur avoit oublié la langue française, M. Webber fut le seul qui pût s'entretenir avec lui en allemand.

Le major Behm nous fit servir du thé et d'autres rafraîchissemens dans sa maison; M. Webber nous servit d'interprète pour lui exposer l'état des munitions navales qui nous étoient nécessaires. Nous essayâmes ensuite de savoir de lui des nouvelles d'Europe, mais sur cet article le gouverneur n'étoit pas plus avancé que nous. Les nouvelles les plus récentes qu'il nous donna datoient de notre départ des ports d'Angleterre.

Le major Behm nous conduisit le soir dans la maison qui nous étoit destinée. En passant devant deux corps-de-garde, on nous rendit les honneurs militaires. On plaça deux sentinelles à notre porte, et le major Behm nous accorda des gens pour nous servir.

Le lendemain 13, le gouverneur et les principaux habitans de la ville vinrent s'informer de notre santé. Nous convînmes des objets

qu'on nous fourniroit, et nous of-
frîmes en paiement des billets du
capitaine Clarke, tirés sur le bureau
des subsistances, établi à Londres.
Le major Behm eut la délicatesse
de refuser un tel engagement. Il
nous dit que ce seroit, en quelque
sorte, faire injure à la générosité de
sa souveraine; il exigea seulement
qu'on lui laissât un certificat de ce
que nous aurions reçu, afin qu'il
l'envoyât à Saint-Pétersbourg, comme une preuve qu'il avoit rempli
son devoir. « Ce sera, ajouta-t-il,
» aux deux cours, à se témoigner
» leur reconnoissance, comme elles
» le jugeront à propos. »

Nous ne savions comment reconnoître d'aussi bons procédés. Par
bonheur, M. Clarke m'avoit remis

un exemplaire des planches et des cartes du second voyage de M. Cook, et m'avoit prié de l'offrir en son nom à M. Behm. La satisfaction que procura ce mince présent au gouverneur, me fit juger qu'il eût été difficile de lui offrir quelque chose de plus agréable.

Après avoir dîné chez le gouverneur, nous visitâmes la ville de *Bolcheretsk*. Elle est située dans une plaine basse et marécageuse, d'environ treize lieues de longueur, et d'une largeur immense, qui se prolonge jusqu'à la mer d'Okotsk. Elle est sur la côte septentrionale de la *Bolchoïreka*, entre l'embouchure de deux autres rivières qui y versent leurs eaux. Son territoire forme, par conséquent, une pénin-

sule qui a été détachée du continent par un canal, onvrage du gouverneur actuel. Ce canal a pour objet, non seulement de fortifier la
place, mais encore d'empêcher les
inondations. Dans cette partie du
Kamtschatka, on ne cultive aucune
espèce de grains; le major Behm
m'apprit que son jardin étoit le seul
qui existât dans tout le pays.

J'y ai apperçu vingt à trente vaches; M. Behm possédoit six chevaux vigoureux. Les chevaux, les
vaches, et les chiens, sont les seuls
animaux domestiques. Ces derniers
sont en si grand nombre, qu'on ne
peut élever d'autres bestiaux que
ceux qui sont assez forts pour se
défendre contre eux. Pendant l'été,
on lâche les chiens, on leur abandonne

donne le soin de pourvoir à leur subsistance ; et la rareté des vivres les rend si voraces, qu'ils attaquent quelquefois jusqu'aux taureaux eux-mêmes.

Les maisons de Bolcheretsk sont construites en bois, couvertes de graminées, et toutes de la même forme. Celle du gouverneur est beaucoup plus spacieuse que les autres. Elle est composée de trois grandes pièces, décorées d'un joli papier; mais le *talc*, qui remplace les vîtres, lui donne un aspect triste et misérable. Outre plusieurs lignes de semblables bâtimens, il y a des baraques pour les soldats russes et les cosaques, une église assez belle, une salle de justice, et, à l'extrémité de la ville, beaucoup de *balagans*. La

3e *Voyage*. T. IV.　　　N

population se monte à 5 ou 600 ames.

Le major, instruit des démarches que nous avions faites auprès du marchand *Phedositsch*, pour procurer à nos matelots du tabac et d'autres objets indispensables, fit porter, à notre insu, dans notre maison, quatre sacs de tabac, pesant chacun plus d'un quintal. Il nous les offrit en son nom et en celui de ses soldats. Il y ajouta vingt superbes pains de sucre et vingt livres de thé pour les officiers. Son épouse nous envoya du beurre frais, du miel, des figues, du riz, et d'autres comestibles, pour le capitaine Clarke.

Je communiquai à M. Behm, d'après l'autorisation de M. Clarke, la carte de nos découvertes sur les côtes septentrionales de l'Asie et de l'Amérique : M. Behm nous raconta à ce sujet un fait curieux, dont l'explication, comme il l'avoua lui-même, l'auroit fortement embarrassé, s'il ne nous avoit pas vus.

On sait que les *Tschutskys* sont la seule nation asiatique qui ait conservé son indépendance, et que les Russes ont fait de vains efforts pour la soumettre. Ils se sont contentés d'établir une forteresse sur les frontières. Le jour même de notre arrivée, M. Behm reçut des nouvelles de ce fort. On lui manda qu'une troupe de *Tschutskys* étoit venue d'elle-même faire des propositions amicales, et offrir un tribut. Ces hommes, interrogés sur les causes de ce changement d'opinion, répondirent que, vers la fin de l'été précédent, ils avoient reçu la visite de deux grands *canots russes*; que les équipages les ayant traités avec beaucoup de bienveillance, ils les avoient pris en amitié, et s'étoient empressés de se rendre au fort russe, pour y négocier un traité favorable aux deux nations.

Ce singulier évènement avoit occasionné beaucoup de conjectures, tant au fort *d'Ingiginsk* qu'à *Bolcheretsk*. Jamais on n'en eût trouvé la solution sans nous; notre entrevue avec les Tschutskys expliquoit fort bien ce mystère.

Nous dînâmes le lendemain chez le capitaine *Schmaleff*, qui, pour va-

rier nos amusemens, nous donna le
spectacle de danses russes et kamtschadales. La danse des Russes avoit
beaucoup de rapport avec les bour-
rées d'Auvergne; mais elle étoit
grotesque et ridicule. Quant aux
Kamtschadales, ils cherchoient à
imiter la démarche et les mouvemens gauches de l'ours. Leur corps
étoit sans cesse courbé, leurs genoux étoient ployés, et ils s'efforçoient d'imiter avec leurs bras
les postures bizarres de leurs modèles.

Au moment où nous nous dispo-
sions de partir, M. Behm nous dit
qu'il alloit nous accompagner jusqu'au hâvre de Saint-Pierre et Saint-
Paul; il avoit résigné le gouvernement du Kamtschatka en faveur

du capitaine Schmaleff, et devoit
partir incessamment pour Saint-
Pétersbourg.

Le 15 au soir, il nous donna une
fête où se trouvèrent les personnes
les plus distinguées du pays. Les
dames étoient habillées, moitié à
la mode de Sibérie, moitié à la
mode d'Europe : madame Behm
avoit un vêtement complet à l'européenne. Le soir, nous fîmes nos
adieux à madame Behm, et bientôt nous fûmes émus par une scène
on ne peut plus touchante. Les soldats et les cosaques de la garnison
étoient rangés sur une seule ligne.
Tous les hommes de la ville, en
costumes parés, formoient une seconde ligne en face des militaires.
Dès que nous sortîmes, la foule se

mit à entonner un chant mélancolique. C'est ainsi que, dans cette contrée, l'on prend congé de ses amis.
Nous nous rendîmes à la maison du
gouvernement, suivis de tous les
soldats et des habitans, précédés de
la musique et des tambours. Nous
y trouvâmes madame Behm et les
autres dames de *Bolcheretsk* ma-
gnifiquement habillées ; elles nous
accompagnèrent jusqu'à nos canots,
en chantant, ainsi que les hommes,
des airs doux et tendres.

Notre retour fut plus difficile que
ne l'avoit été notre trajet. M. Clarke,
instruit, par un exprès, de l'accueil
distingué que nous avions reçu de
M. Behm, instruit, de plus, qu'il
devoit venir avec nous, envoya à
notre rencontre dans le hâvre les

canots des deux bâtimens. Les officiers étoient aussi bien vêtus que pouvoit le permettre le mauvais état de leur garde-robe. Quant aux matelots, ils étoient en chemises et en pantalons, malgré la neige; et M. Behm ne fut pas peu étonné de la bonne santé de nos gens, malgré le dénuement où ils se trouvoient.

M. Behm passa la nuit à terre, pour ne point déranger M. Clarke, qui étoit tres-incommodé; mais, le lendemain 22, il vint à bord de la Résolution, et nous le reçûmes au bruit du canon, et avec tous les égards possibles. Il avoit à sa suite le commandant d'une galiotte russe, le patron d'un *sloop* qui mouilloit dans le hâvre, deux marchands de *Bolcheretsk*, et le prêtre de *Para-*

tóunca, qui avoit déjà fait connois-
sance avec M. Clarke.

Je dois rapporter ici un trait su-
blime de reconnoissance de la part
de nos matelots. Ils n'eurent pas
plutôt appris le don généreux que
leur faisoit M. Behm, de quatre
cents livres de tabac, qu'ils demandèrent qu'on ne leur servît plus de
grog, et qu'on envoyât à la garnison de *Bolcheretsk* leurs rations de
liqueurs fortes. Ce sacrifice étoit
d'autant plus admirable que, dans
la campagne rigoureuse qu'ils al-
loient faire au nord, cet article étoit
presque indispensable. Aussi rem-
plaçâmes-nous sur nos propres provisions la petite quantité qu'accepta
M. Behm.

Le major voulut bien se charger

de nos dépêches et du journal de notre voyage; il promit de les remettre à l'ambassadeur d'Angleterre auprès de sa cour. Le 25, nous nous séparâmes de ce respectable officier. Outre les vivres et les munitions qu'il nous avoit fournis, la valeur intrinsèque des présens que nous reçûmes de lui se montoit à plus de 200 livres sterling (4800 francs environ). Encore prenoit-il des précautions délicates, et même des détours ingénieux pour alléger le poids d'aussi grandes obligations. Sachant que nous devions revenir au Kamtschatka sur la fin de l'année, il demanda à M. Clarke un apperçu des cordages et des farines dont nous pourrions avoir besoin alors, afin qu'on les tînt tout

prêts. Enfin, pour comble d'attention, il nous donna un papier par
lequel il enjoignoit à tous les Russes que nous pourrions rencontrer
de nous prêter les secours qui dé-
pendroient d'eux.

CHAPITRE XXVI.

Suite de notre relâche dans le hâvre de Saint-Pierre et Saint-Paul. — Départ. — Les Anglais apperçoivent du même point les côtes d'Asie, d'Amérique, et des îles Saint-Diomède. — Nouvelles tentatives pour la découverte du passage au nord. — Retour par le détroit de Behring. — Mort du capitaine Clarke.

Je dois rendre compte maintenant de ce qui se passa dans le hâvre pendant notre absence.

Le 15 mai, les *toïons* de la ville et ceux du village de *Paratounca* ayant reçu ordre de nous envoyer des provisions par les Kamtschadales,

les, on nous donna une si grande abondance de poisson, qu'il n'y eut bientôt plus, sur les vaisseaux , de place pour les mettre.

En arrivant au Kamtschatka , M. Clarke étoit déjà atteint d'une maladie sérieuse ; son état empira promptement, malgré les alimens salutaires que lui offroit le pays. Le prêtre de *Paratounca*, entre autres, lui envoyoit journellement du pain, du lait, du beurre frais, et des vo–lailles.

L'hôpital russe , établi près de la ville de Saint-Pierre et Saint-Paul, étoit, lors de notre arrivée, dans l'état le plus déplorable. Les sol–dats étoient attaqués du scorbut ; et le sergent lui–même, ayant bu un peu trop de liqueurs fortes, ne tarda pas à avoir des symptômes de cette maladie. Le capitaine Clarke confia tous ces malades à la vigilance de nos chirurgiens, et il ordonna de leur fournir de la *sourkrout* et de la drèche. Ces remèdes eurent beaucoup d'efficacité.

La neige avoit presque entièrement disparu : les équipages recueillirent beaucoup d'ail sauvage, de céleri, et de têtes d'orties ; on faisoit bouillir ces végétaux avec de la fleur de farine et des tablettes de bouillon. On fit aussi des incisions aux bouleaux, pour en obtenir le suc que l'on mêloit avec les rations d'eau-de-vie.

Le premier juin, les deux vaisseaux embarquèrent chacun environ cent quatre-vingt-dix quintaux de farine de seigle; on servit de suite une ration entière de pain aux équipages. Depuis notre départ du cap de Bonné-Espérance, nos gens n'avoient pas eu cet agrément.

Le 4 juin, nous tirâmes vingt-un coups de canon, pour célébrer l'anniversaire de la naissance du roi d'Angleterre; le prêtre de *Para-tounca* nous donna une grande fête, en réjouissance de ce même évènement.

Le 6, nous reçûmes vingt bêtes à cornes, qui avoient été dix-sept jours en route, et se trouvoient néanmoins en bon état. Le 12, nous mîmes à la voile, et suivîmes la direction des côtes.

Dans la nuit du 15, nous entendîmes un bruit sourd, qui ressembloit à un coup de tonnerre lointain : à l'aube du jour, nous trouvâmes les ponts et les flancs des bâtimens couverts d'une poussière fine, profonde d'un pouce, et qui ressembloit à de l'émeril. L'atmosphère, encore obscurcie de cette substance, étoit si épaisse et si noire vers la montagne où existoit le volcan, qu'il n'étoit pas possible de distinguer la forme de la colline.

Dans le cours de cette journée, les éruptions devinrent plus fréquentes, et les matières projetées étoient plus grosses. Il y avoit des grains de la grosseur d'une petite noisette. Elles étoient mélangées de petites pierres que n'avoit point altérées l'action du feu.

Le 21, nous découvrîmes le

Kamtschatskoï-noss, sur la position duquel les cartes russes ne
sont pas d'accord. Nous avons dé-
terminé sa latitude à 56° 3′, et sa
longitude à 163° 20′.

Nous rencontrâmes, le 22, un
cadavre de baleine qui exhaloit une
fétidité insupportable. On la sentoit
à plus d'une lieue ; elle étoit couverte d'une multitude d'oiseaux de
mer, qui en faisoient leur nourriture. Le 24, nous vîmes beaucoup
de goîlands, et nous fûmes témoins
de la manière dégoûtante dont le
goîland *arctique* se nourrit aux dé-
pens du goîland *ordinaire*. Le goîland arctique poursuit ce dernier,
jusqu'à ce qu'épouvanté, il laisse
tomber sa fiente. Alors le goîland
arctique s'arrête, et saisit ces ordu-

res au vol, avant qu'elles tombent dans la mer.

Le 3 juillet, nous eûmes en vue le *Tschukotshoï-noss*, que nous avions apperçu le 4 septembre de l'année précédente ; bientôt après, nous découvrîmes l'île Saint - Laurent. Toutes ces îles, ainsi que le Continent, étoient couvertes de neige.

Le 5, nous reconnûmes les îles Saint-Diomède; et, à dix heures du soir, nous embrassâmes, d'un seul coup-d'œil, le pic remarquable qui est près du cap du prince de Galles, sur la côte d'Amérique, le cap oriental de l'Asie, et les îles de Saint-Diomède intermédiaires entre les deux continens.

Le 7, nous fûmes arrêtés par une vaste plaine de glace, par 68 ou 69 degrés de latitude. Nous fîmes, les jours suivans, quarante lieues à l'ouest, le long des bords de la glace, sans y appercevoir la moindre ouverture, et sans découvrir la mer au-delà : nous perdîmes l'espoir de nous avancer plus au nord quant à présent ; le capitaine Clarke jugea à propos d'aller, en attendant le dégel, visiter la baie de Saint-Laurent et le pays de nos amis les *Tschutskys*.

Le 10, nos messieurs allèrent à la chasse des morses. Ils observèrent plusieurs traits remarquables de l'affection que ces animaux ont pour leurs petits. A l'approche des canots, les vieux plaçoient les jeunes sous leurs nageoires, et s'efforçoient de les entraîner dans la mer. Ceux dont les petits venoient d'être tués ou blessés nageoient à la surface de l'eau, et venoient quelquefois les reprendre au moment où nos matelots étoient sur le point de s'en emparer. Une femelle, dont le petit fut transporté à bord d'une embarcation, en devint si furieuse, qu'elle attaqua un des canots, et en perça le bord avec ses deux défenses.

Les glaces nous empêchèrent d'aborder la côte des *Tschutskys*; il fallut retourner au nord. Voyant l'impossibilité de trouver le fameux passage dans les parages où nous étions, M. Clarke résolut de faire une nouvelle et dernière tentative sur la côte d'Amérique, dans la direction correspondante à la baie de Baffin.

Chemin faisant, nous tuâmes deux ours blancs; nous les mangeâmes et en trouvâmes la chair assez bonne, quoiqu'elle eût une forte odeur de poisson.

Le 21, un champ de glace impénétrable nous barra de nouveau la route. Voici en quels termes le capitaine Clarke jugea impraticable le passage au nord-est. Ce sont les dernières observations que sa santé lui ait permis de fixer par écrit.

« Il est désormais impossible de » s'avancer davantage au nord par » cette côte (*d'Amérique*). Il n'est » point probable que l'été puisse » fondre un aussi prodigieux amas » de glace. Tout démontre qu'elles » offriront continuellement à nos » tentatives une barrière insurmon- » table. Je pense donc que le meil- » leur parti à prendre, pour le bien

» du service, est de retourner à la
» côte d'*Asie*, et de chercher s'il n'y
» a point d'ouverture qui nous mène
» plus loin. Mais il est difficile de
» compter sur un meilleur succès :
» la mer est maintenant tellement
» couverte de glaces, que l'impos-
» sibilité du passage me paroît ab-
» solument démontrée. »

Ainsi que M. Clarke l'avoit pré-
dit, nous ne fûmes pas plus heureux sur la côte d'Asie. Des glaçons
énormes séparèrent les deux bâtimens; la *Découverte*, entraînée par
une grande île de glace, dériva au
nord-est, et les chocs qu'elle en reçut lui causèrent un grand nombre de *voies d'eau*. Elle ne put nous
rejoindre que quelques heures après.
M. Clarke se détermina enfin à ne

plus perdre de temps à chercher une chose impossible; il résolut de gagner promptement la baie d'*A-watska*, afin de nous y reposer. Il se proposoit aussi de reconnoître, avant l'hiver, la cote du *Japon*.

Je ne dissimulerai point la joie que manifesta chacun de nous, en apprenant les intentions du capitaine Clarke. Depuis trois ans, nous errions sur les mers; nous oubliâmes, en quelque sorte, la distance énorme que nous avions encore à parcourir; et nous dirigeâmes nos regards vers notre patrie, avec un contentement et un plaisir aussi réels, que si nous eussions été en présence des côtes d'Angleterre.

Ainsi notre seconde campagne n'eut point d'autre résultat que de confirmer les observations faites dans le cours de la première. Nous ne pûmes rallier la côte d'Asie, au-delà du troisième parallèle; nous n'avons pu nous rapprocher de celle d'Amérique, si j'en excepte un petit espace entre 68° et 69° 2′ de latitude, que nous n'avions pas vu l'année d'auparavant. Cette fois nous avons rencontré la glace plus tôt, et en plus grande abondance que la première.

Le 3 juillet, nous dépassâmes une île que nous supposâmes être l'île *Saint-Laurent.* En 1778, nous en avions rallié la bande orientale, et l'avions nommée l'île *Clarke.* Je crois que ce sont deux îles distinctes.

Le 17 août, nous remarquâmes une terre que nous supposâmes être

l'île

l'île *Mednoï* indiquée sur les cartes russes.

Le 18, le capitaine Clarke, n'ayant plus la force de sortir de son lit, voulut que les officiers reçussent les ordres de moi, et nous recommanda de gagner promptement la baie d'*Atwatska*.

Quatre jours après, nous eûmes le malheur de perdre cet estimable officier, âgé de 38 ans. Il mourut d'une consomption qui avoit commencé avant son départ d'Angle-terre, et l'avoit fait languir pendant toute la traversée. Il servoit dans la marine dès sa plus tendre jeunesse ; il avoit fait plusieurs campagnes dans la guerre de 1750. Il étoit *Midshipman*, à bord du *Dauphin*, lorsque ce vaisseau fit son voyage

autour du monde, sous les ordres
du commodore Byron. Il fit son
second voyage sur l'*Endeavour*,
en qualité d'adjoint du *master*, et
en revint avec le grade de lieutenant. Il fit, pour la troisième fois,
le tour du monde, lors du premier
voyage de la *Résolution*, et en fut
nommé second lieutenant. Après
son retour, il fut élevé au grade de
capitaine. Lorsqu'on fit les préparatifs de l'expédition dont je retrace
le récit, il fut nommé commandant
de la *Découverte* avec subordina-
tion à M. Cook; après la mort de
ce célèbre navigateur, il obtint le
commandement en chef.

CHAPITRE XXVII.

Retour au hâvre de Saint-Pierre et Saint-Paul. — Détails sur un gentil-homme russe, exilé au Kamtschatka. — Visite du gouverneur de la province. — Détails sur les Kamtschadales et sur les ours du pays. — Description générale de cette province et des peuplades voisines.

LE 23 août, nous mouillâmes dans le hâvre de Saint-Pierre et Saint-Paul, ayant le pavillon à mi-mât, parce que nous avions à bord le corps de notre commandant. Le sergent, toujours revêtu du commandement de la place, témoigna une grande affliction à la nouvelle de sa mort.

Le 25, le capitaine Gore prit le commandement de la *Résolution*, et me donna celui de la *Découverte*. Il fit ensuite diverses promotions parmi les officiers. Nous reçûmes, le même jour, la visite du vénérable prêtre de *Paratounca*, nommé *Romanoff Veresliagen*.

Le 29, nous célébrâmes les funérailles du capitaine Clarke; les officiers et une partie des équipages des deux bâtimens suivirent ses dépouilles jusqu'à la fosse, tandis que les vaisseaux tiroient des coups de canon de minute en minute. Le service étant fini, les soldats de marine firent trois décharges générales. M. Clarke fut enterré au-dessous d'un arbre dans un endroit où l'on assure que doit être bâtie la nouvelle église de *Paratounca.* Sa tombe en occupera le centre. Le bon Romanoff se tint, pendant le convoi, à côté de celui de nos messieurs qui lisoit les prières des morts. Tous les Russes de la garnison étoient rassemblés : ils assistèrent à cette triste cérémonie, avec le recueillement qu'elle exigeoit.

Le 4 septembre, nous reçûmes une dépêche de M. Schmaleff, gouverneur de Bolcheretsk ; elle nous fut apportée par un enseigne, fils de M. *Synd*, qui avoit commandé, onze années auparavant, une expédition sur la côte d'Asie et d'Amérique, dont nous avons parlé plus haut. Nous le traitâmes avec tous les égards que méritoit celui dont il tenoit le jour.

Le 10, nos canots remorquèrent une galiotte russe d'*Ochotsk*, qui avoit eu bien de la peine à gagner le hâvre : sa traversée avoit duré 35 jours. Outre vingt-cinq hommes d'équipages, elle portoit cinquante soldats avec leurs femmes et leurs enfans, et plusieurs passagers ; en tout, plus de cent personnes.

Peu de temps après qu'elle eut jeté l'ancre, nous reçûmes la visite d'un sous-lieutenant qui venoit prendre le commandement de la place. Nous jugeâmes qu'une partie des soldats devoit renforcer la garnison ; en effet, on débarqua deux pièces de campagne, pour ajouter à la défense de la place. Notre

première relâche avoit probablement fixé l'attention du gouverneur
de la Sibérie, sur la foiblesse de ce
poste. L'honnête sergent me disoit
quelquefois, en haussant les épaules, que, puisque nous avions trouvé moyen d'y aborder, les vaisseaux d'autres nations qui n'auroient
pas d'aussi bonnes intentions pour-
roient bien en faire autant.

Le 15, nous nous disposâmes à
faire une chasse de l'ours, sur l'invi-
tation du capitaine Gore. Un gentil-
homme russe exilé au Kamtschatka,
nommé *Hospodin Iwaskin*, devoit être de la partie. Le major
Behm l'avoit prié de venir nous
trouver, quand nous serions de
retour, afin de nous servir d'interprète.

Il étoit fils d'un général au service de l'impératrice. Il avoit été
élevé en *France* et en *Allemagne* :
il avoit été d'abord page de l'impératrice Elisabeth, puis enseigne de
sa garde. A l'âge de seize ans, on
le condamna au supplice du *knout*,
on lui fendit le nez, et on l'exila
d'abord en Sibérie, ensuite au
Kamtschatka, où il vivoit depuis
31 ans. Il étoit d'une taille maigre
et élancée. Des rides profondes sil-
lonnoient son visage; et, quoiqu'il
ne fût âgé que de cinquante-six ans,
il annonçoit toutes les apparences
de la vieillesse.

Par malheur, il avoit tout-à-fait
oublié l'allemand et le français; il
ne pouvoit en former une seule
phrase, et ne nous entendoit qu'a-

vec peine quand nous nous exprimions dans l'une ou l'autre de ces langues. Il nous fut par conséquent impossible de savoir un mot de son histoire, qu'il n'eût pas craint, sans doute, de révéler à des étrangers, à portée de lui rendre de petits services, et incapables d'abuser de sa confiance.

Les Russes de ce pays ignoroient les causes de son bannissement ; mais l'opinion générale étoit qu'il s'étoit rendu coupable d'un délit très-grave ; d'autant plus que, depuis l'avènement de Catherine II à la couronne, plusieurs gouverneurs du Kamtschatka avoient vainement cherché à obtenir son rappel, et n'avoient pas même pu faire changer le lieu de son exil.

Il nous dit qu'il avoit passé vingt ans sans manger de pain, et qu'il avoit vécu, parmi les Kamtschadales, du produit des chasses les plus pénibles. Ensuite on lui avoit accordé une modique pension que le major Behm avoit fait augmenter seurs et porter à cent roubles.

Nous échouâmes deux fois dans notre projet d'atteindre les ours ; à peine étions-nous débarqués sur la côte, que le vent souffloit de la mer ; et les Kamtschadales assurèrent que nous ne rencontrerions aucun de ces animaux tant que nous serions au vent, parce qu'ils ont un odorat extraordinaire, et sentent les chas-de très-loin.

Le 18, nous mîmes pied à terre,

au milieu de terrains bas, maré-
cageux, et couverts de bruyères.

En nous avançant dans la plaine,
nous vîmes de loin plusieurs ours,
mais nous ne pûmes les approcher
à la portée du fusil. Au lieu de
nous occuper de la chasse, nous
nous amusâmes à harponner des
saumons qui traversoient en foule
une petite chute pour remonter une
rivière. Je remarquai que le procédé
des Kamtschadales étoit bien inférieur à celui des naturels d'Oo-
nalaskka. Bien que leurs instrumens eussent une pointe de fer, ils
ne sembloient pas autant convenir
à cet objet que ceux des Américains, garnis seulement d'une pointe
d'os. Un caporal russe, qui nous es-
cortoit, me dit qu'autrefois les

Kamtschadales se servoient des mêmes instrumens que les Américains de la côte nord-ouest, et savoient les manier avec autant de dextérité. S'ils ont fait un pas rétrograde, ils ont été en cela comme tous les peuples qu'on veut faire trop promptement passer de la barbarie à l'état civilisé.

Heureusement notre pêche fut abondante, car nous ne trouvâmes aucun gibier. Les Kamtschadales dirent que nous avions effrayé les ours et les oiseaux, parce que nous étions en trop grand nombre. Il fut convenu que nous nous séparerions; que M. Iwaskin, le vieux caporal et moi, irions d'un côté; M. Gore et le reste de la troupe, d'un autre.

Nous

Nous ne rencontrâmes cependant pas un seul ours. Nous voulions coucher dans les masures d'un ancien village kamtschadale ; mais Iwaskin, ayant épuisé sa tabatière, nous pressa vivement de retourner au hâvre. Nous cédâmes à ses instances, et nous arrivâmes aux vaisseaux après une marche de douze heures.

Le pauvre Iwaskin étoit accablé de lassitude. La privation de tabac devoit être bien douloureuse pour lui ; car il portoit à tout instant la main dans sa poche, et en tiroit machinalement sa tabatière, quoiqu'elle fût vide.

Le 20, le sous-lieutenant avoit fait, pendant notre absence, infliger à notre ami le sergent une punition corporelle. Nous ne pouvions en soupçonner la cause, et l'on pensa que notre politesse envers le sergent lui avoit donné de la jalousie, qu'il avoit profité du plus léger prétexte.

Ce brave homme nous inspiroit beaucoup d'intérêt. Nous avions consulté le major Behm sur les moyens les plus propres de lui rendre quelques services. Il nous avoit conseillé d'écrire au gouverneur général de la Sibérie, pour lui recommander ce bas-officier, ne doutant pas qu'il n'obtînt de l'avancement.

Le 22, nous célébrâmes, par une fête, l'anniversaire du couronnement du roi. Pendant le dîner, le capitaine *Schmaleff* se fit annoncer.

Son arrivée nous étoit d'autant plus agréable, que nous ne nous y attendions pas. Nous eûmes tout lieu de nous louer de ses bons offices et de sa générosité. En retour nous lui fîmes présent d'une collection complète de tous les objets curieux que nous avions rassemblés pendant le voyage. Le capitaine Gore y ajouta une montre d'or et un fusil de chasse.

Il ne put rester dans le hâvre que trois jours; à son départ, il emmena le sous-lieutenant, et réinstalla le sergent dans le commandement de la place. Cela se fit sans aucune sollicitation de notre part. Nous sûmes d'ailleurs que le sous-lieutenant l'avoit mécontenté. Mais, à notre recommandation, il récompensa un vieux soldat russe qui avoit accueilli nos bas-officiers, et leur avoit rendu, ainsi qu'aux équipages, toutes sortes de petits services. Le vieux soldat fut nommé sur-le-champ caporal (c'étoit le comble de ses vœux), et on lui ordonna d'en venir remercier les officiers anglais. Au surplus, cette distinction étoit plus grande qu'on ne sauroit le croire. Les bas-officiers ont, dans les armées russes, une prééminence qui est inconnue parmi les soldats anglais. La discipline est poussée à la rigueur chez les Russes. Pour la moindre faute, les officiers sont mis en prison, et condamnés au pain et à l'eau.

Un enseigne, de nos amis, nous assura que, pour s'être un jour trouvé dans une querelle entre des ivrognes, il avoit été mis trois mois au cachot, et que, depuis ce temps, il ne mangeoit pas sans répugnance en compagnie.

Le 26, en reconduisant M. Schmaleff, je visitai l'église de *Paratounca*. Elle est construite en bois, et c'est la plus belle de toute cette partie du Kamtschatka. On y voit diverses peintures, et notamment deux tableaux de Saint-Pierre et Saint-Paul, donnés par Behring. Les draperies étoient fort riches; car toutes les parties principales, ainsi que les plis des robes dont on habille les figures, étoient des lames épaisses d'argent massif, adhérentes à la toile.

Je partis le lendemain à pied

pour une nouvelle chasse aux ours,
sous la conduite du clerc de la pa-
roisse qui étoit un grand chasseur.
Nous arrivâmes, au coucher du soleil, sur les bords d'un grand lac;
notre premier soin fut de nous cacher au milieu des broussailles.
Bientôt les mugissemens des ours
frappèrent nos oreilles; nous en
vîmes, à la faveur de la lune, un qui
nageoit dans l'eau, et venoit vers
nous. Quand il fut à quarante ou
cinquante pas de distance, nous lui
tirâmes à la fois trois coups de fusil.
Il rétrograda, en jetant des cris affreux; il étoit grièvement blessé,
et eut bien de la peine à gagner le
rivage. Il continuoit à faire entendre ses hurlemens. Nous le laissâ-
mes là, et revînmes le lendemain:

nous le trouvâmes mort à la place où il s'étoit réfugié la veille. C'é-toit une femelle d'une grande taille.

Les naturels du pays ont grand soin de prendre leurs mesures pour arriver, au coucher du soleil, dans les endroits que fréquentent les ours. Ils examinent les traces de ces ani-maux ; et, lorsqu'ils ont choisi leur embuscade, les chasseurs fixent en terre des béquilles pour mieux ajus-ter leur fusil. Il est très-essentiel pour eux de ne pas manquer leur coup, car la poudre et le plomb se ven-dent extrêmement cher au Kamts-chatka ; de sorte qu'un ours ne vaut pas plus de quatre ou cinq car-touches. D'ailleurs, s'ils ne mettent pas sur-le-champ l'ours hors de

combat, l'animal irrité se jette sur
eux; ils sont obligés de le combattre corps à corps, et se servent
pour cela d'un épieu qu'ils portent
à leurs côtés. Mais ils ne réussissent
pas toujours à l'égorger; et, quand
un ours se précipite sur des chasseurs, ceux-ci s'estiment fort heureux s'ils ne perdent qu'un de leurs
camarades.

Pendant l'hiver et dans la saison
de l'accouplement, il est très-dan-
gereux de rencontrer des ours. Les
Kamtschadales sont plus exposés
que les autres, parce qu'ils ont l'habitude de braquer leurs fusils sur un
point d'appui, et qu'ils ne savent tirer ni au vol ni à la course.

L'affection des mères pour leurs
petits est étonnante. Les chasseurs

qui la connoissent bien ne s'avisent jamais de tirer un ourson auprès de sa mère, de peur d'exciter son ressentiment. Si, au contraire, ils blessent d'abord la mère, ses petits ne l'abandonnent pas, et ils deviennent tous la proie des chasseurs.

La sagacité de l'ours est extraordinaire. Voici comment il s'y prend pour attraper les rennes. Ces animaux paissent ordinairement par troupes dans les terrains bas, sur le bord des rochers et des précipices. L'ours se glisse avec précaution sur une hauteur, détache des fragmens de rochers et les fait tomber sur les rennes, jusqu'à ce qu'il y en ait un de blessé ; alors il se jette sur lui, et le poursuit avec avantage.

Les Kamtschadales doivent, disent-ils, à l'ours le peu de progrès qu'ils ont fait jusqu'à présent dans les arts et dans les sciences. En examinant les herbes dont il se nourrit quand il est malade ou qu'il applique sur ses blessures, ils ont reconnu les simples les plus convenables à employer comme médecines ou comme cataplasmes.

Mais, ce qui est plus bizarre, les ours sont réellement leurs maîtres à danser, puisqu'ils se plaisent à imiter, dans toutes leurs danses, les postures grotesques de ce quadrupède.

Le 8 octobre étoit l'anniversaire de la naissance de l'impératrice : nous le célébrâmes et donnâmes un festin aux principaux habitans du lieu. Nos matelots traitèrent tous les naturels qui se présentèrent ; nous tirâmes vingt-quatre coups de canon.

Le 9, tandis que nous levions la dernière ancre pour partir, on m'avertit que le tambour des soldats de marine avoit déserté pour aller rejoindre sans doute une femme kamtschadale avec qui il s'étoit lié. Cet homme étoit boiteux, et par conséquent nous étoit assez inutile ; mais je sentis que ses infirmités le rendroient à charge aux Russes et à lui-même ; je le fis chercher, on le ramena, et nous sortîmes de la baie.

Le hâvre de Saint-Pierre et Saint-Paul est on ne peut plus commode. (*Voyez dans la planche 22 du troisième atlas l'estampe qui re-*

*présente le hâvre de Saint-Pierre
et Saint-Paul.*) Il y tiendroit aisément six vaisseaux. L'*ostrog* est
bâti sur une langue de terre basse
et sablonneuse.

On a donné le nom de Kamtschatka à une presqu'île de la côte
orientale d'Asie entre les 52e et
61e degrés de latitude. On appelle
son extrémité méridionale cap
Lopatka, mot qui signifie *épaule*,
parce qu'on lui a trouvé de la ressemblance avec cette partie du corps
humain. Le territoire est excessi-
vement stérile, excepté en plusieurs
endroits sur les bords des rivières de
Kamtschatka et de *Bistraïa*, où l'on
y récolte d'excellent foin. En mai
1779, époque où nous vîmes ce
pays pour la première fois, il y

avoit sept à huit pieds de neige : le 15 juin, lorsque nous en partîmes, le thermomètre n'avoit pas monté au-dessus de 58 degrés, échelle de Farenheit (1). Lorsque nous y revînmes, le 24 août, la verdure avoit atteint son point de perfection : le thermomètre ne s'éleva pas au-dessus de 65 degrés, d'après Farenheit (2). Dès les premiers jours d'octobre, la neige tomba avec force. Il n'y a point de printemps dans ce pays. L'été commence au milieu de juin, immédiatement à la suite de l'hiver.

Le Kamtschatka est rempli de tracés volcaniques ; mais il ne s'y

(1) Vingt - un degrés, d'après Réaumur.

(2) Vingt-cinq d'après Réaumur.

trouve que trois volcans en activité. Celui de *Tolbatchick* est sur une haute montagne. Son éruption de 1739 réduisit en cendres toutes les forêts du pays. On dit qu'il existe dans cette péninsule beaucoup de sources d'eaux chaudes.

Le bouleau est le plus commun des arbres du Kamtschatka. Les habitans en tirent un grand parti. Des incisions pratiquées dans l'écorce en font sortir une liqueur très-agréable. Le *liber*, ou écorce intérieure, offre un mets exquis, et on le découpe en filets semblables au *vermicelli*. On fait, avec l'écorce extérieure, des vases et des ustensiles de cuisine. Le bois est la matière principale des traîneaux et des canots. Mais tous les arbres qui croissent ici sont petits et tortus. Les arbrisseaux sont le genevrier, une espèce de frêne de montagne, le rosier sauvage, le framboisier, etc. Les naturels font, avec des mûres sauvages, des confitures sans sucre. Les choux et les laitues ne deviennent point pommés ; les pois et les haricots poussent des tiges vigoureuses, mais les gousses ne se remplissent pas. Il en est de même des diverses sortes de blé qui produisent à la vérité des épis, mais on n'en sauroit faire de la farine.

Les Kamtschadales font un grand usage de la plante bulbeuse, nommée *saranne* (1). Ils disent que la providence ne les abandonne pas ;

(1) *Lilium Kamstkatiense, flore atro rubente.*

en effet, les saisons défavorables à la *saranne* sont très-avantageuses pour la pêche. Si, au contraire, l'année est mauvaise pour la pêche, on en est dédommagé par une ample récolte de la *saranne*. On la cuit sous la cendre, ou bien on la pile et on la fait cuire au four; on la fait entrer dans la soupe, etc. Les naturels se nourrissent aussi de l'*herbe douce* (2), comme ceux d'Oonalashka. Pour en recueillir la substance nutritive, on ratisse l'écorce des tiges avec une coquille, ensuite on en forme de petites bottes. Au bout de quelques jours, les paquets se recouvrent d'une poudre douce et sucrée. On peut tirer de l'eau-

(1) *Heracleum siberium.*

de-vie de ces mêmes tiges, en y versant de l'eau chaude, et en en faisant ensuite la distillation. Cette liqueur se nomme *raka*.

L'ortie remplace au Kamtschatka le lin et le chanvre. On en fabrique toutes les cordes et les filets de pêche.

Les animaux indigènes sont le renard ordinaire, l'hermine, la zibeline, la martre, l'*isatis*, (1) le lièvre, le rat de montagne ou marmotte sans oreille, la belette, la *wolverine*, l'*argoli* ou belier sauvage, le renne, l'ours, le loup, et le chien.

Les îles de Corse et de Sardaigne sont les seules contrées de l'Europe où se trouve l'*argoli*. Il est d'une

______

(1) *Canis Lagopus.* Linné.

agilité étonnante, et se plaît au milieu des précipices. Sa chair est excellente.

Presque tous les oiseaux aquatiques des mers du nord fréquentent cette côte. Les oiseaux terrestres sont l'aigle noir, l'aigle blanc, l'autour, le faucon, le *vultur abiulla* ou aigle couleur de pierre, l'outarde, le pic, la bécassine, et deux espèces de coqs de bruyère.

Il n'y avoit point sur la côte d'autres animaux amphibies que les veaux marins qui y fourmillent et font la chasse au saumon. On dit cependant que les phoques y sont très-nombreux et très-variés ; nous n'en avons peut-être pas vu, parce que c'étoit la saison de leur émigration. Les Kamtschadales pêchent souvent des baleines dans la mer d'*Ochotsk* et les parages qui les avoisinent.

Les premiers radeaux ou bancs de saumons entrent dans la baie vers le milieu de mai. L'espèce nommée *Tchavitsi* est la plus grosse et la plus recherchée. Elle remonte les rivières avec une vîtesse incroyable. Les pêcheurs jugent de leur approche, en voyant de loin la surface de l'eau agitée.

Les Kamtschadales et les Russes aiment mieux faire sécher leur saumon que de le saler. Ils le découpent en plusieurs tranches. La plus estimée est la partie du ventre.

Les habitans du Kamtschatka se distinguent en trois sortes ; 1°. les naturels du pays ou Kamtschadales;

2°. les Russes ou Cosaques ; 3°. les *Métis,* issus du mélange des sangs.

M. Steller est persuadé que les Kamtschadales sont un peuple fort ancien, qui descend originairement des Mogols et non pas des Tonguses et des Japonais. Il n'existe parmi eux aucune tradition sur l'époque de leur émigration dans cette presqu'île. Ils croient y avoir été établis par leur dieu *Koutkou.* Ils se regardent comme les plus favorisées de ses créatures et les plus heureux des mortels. Leur pays est, suivant eux, préférable à tous les autres. Avant l'arrivée des Russes, ils ne connoissoient point d'autre peuplade étrangère que les *Koriaques.* La conformité de plusieurs des différences de leur langue avec celles des *Mogols*, la conformité de leurs traits avec cette même race d'hommes, sont, aux yeux de M. Steller, des preuves de son hypothèse.

On attribue la découverte du Kamtschatka à Phœdor Alexeieff, négociant russe, qui partit, dit-on, de l'embouchure de la Kovyma avec sept autres navires, et fit, en 1648, le tour de la presqu'île des *Tschustkys*. Une tempête le jeta sur la côte de Kamtschatka, où il passa l'hiver. Mais ce voyage n'est pas authentique : on croit plus généralement que la découverte de cette contrée est due au cosaque Wolodimir Atlasoff.

On l'envoya, en 1697, en qualité de commissaire du fort *Jakutk*, à

Anadirsk; il étoit spécialement chargé de se servir des Koriaques pour soumettre les peuplades voisines, dont l'existence n'étoit encore que soupçonnée. Atlasoff, à la tête d'une soixantaine de Russes et d'un pareil nombre de Cosaques, pénétra, cette même année, au centre de la presqu'île. Arrivé sur les bords de la *Tigil*, il se fit payer un tribut de fourrures par les habitans de ces contrées; il traversa ensuite la rivière de Kamtschatka, y bâtit le *Kamtschatka-Ostrog* supérieur, ou le *Verchney*; il laissa seize cosaques en garnison, et fut de retour à *Jakutsk* en 1700.

Il eut l'adresse de surveiller lui-même jusqu'à *Moscow* le transport des fourrures précieuses qu'il avoit

recueillies; et, pour récompense de
ses services, on lui donna le commandement du fort *Jakutsk*. De
plus, il reçut ordre de faire une nouvelle excursion dans le Kamtschatka, et d'y jeter les fondemens d'une
colonie russe. Il prit, avec ses troupes, la route d'*Anadirsk*, rencontra
sur la rivière *Tunguska* (1) une
barque chargée de marchandises de
la Chine. Les négocians, proprié-
taires de la barque, portèrent des
plaintes à la cour de Russie, et Atlasoff fut mis en prison. Il fut ré-
tabli dans son commandement, en
1706, trois années après. Les com-
missaires, envoyés au Kamtschatka
pendant sa détention, n'avoient pas

(1) Elle se jette dans le *Jenissel*.

été heureux; il y fut renvoyé avec l'injonction expresse de n'employer que des moyens de douceur et de bienveillance pour soumettre les naturels. Mais il fit tout le contraire de ses instructions. Les cosaques se révoltèrent, le destituèrent, et ses successeurs ne furent pas plus heureux. Il y eut trois gouverneurs d'assassinés. Jusqu'en 1731, époque de la grande rebellion, l'histoire du Kamtschatka est un tableau continuel de massacres et d'atrocités.

La découverte d'un passage d'Ochotsk à la Bolchoïreka, par Cosmo Sokoloff, en 1715, fut la cause de cette révolte. Les Kamtschadales voyant que les Russes auroient désormais plus de moyens de faire passer des troupes dans leur

pays

pays et de les opprimer, prirent le parti de recouvrer leur liberté. Ils attendirent que Behring eût mis à la voile avec la petite escadre qu'il avoit sur la côte.

La conspiration étoit générale; elle fut néanmoins conduite avec tant de mystère, que les Russes n'eurent pas le plus petit soupçon. Le moment favorable étant arrivé, ils égorgèrent tous les Russes et les Cosaques qu'ils rencontrèrent, livrèrent les maisons aux flammes, s'emparèrent du fort et de l'Ostrog. Mais un commissaire russe qui venoit de s'embarquer avec des troupes n'étoit pas loin de la côte : les vents contraires le ramenèrent dans le port, et cet incident fit échouer le complot des Kamtschadales. Les

Cosaques, poussés au désespoir, se jettèrent sur les naturels, et attaquèrent le fort; les Kamtschadales le défendirent avec opiniâtreté ; mais le feu, ayant pris au magasin à poudre, fit sauter le fort et la plus grande partie des assiégés.

Après quelques autres massacres, la paix se rétablit, et ne fut plus troublée que deux fois ; la première, en 1740, par une émeute de peu de durée ; la seconde, en 1770, lorsque le comte Beniowsky y leva l'étendard de la révolte.

Les évènemens de 1731 avoient détruit un nombre considérable d'habitans; mais le pays s'étoit repeuplé avec une rapidité incroyable. En 1767, la petite vérole y parut pour la première fois, et enleva

vingt mille individus tant au Kamtschatka qu'au pays des Koriaques
et aux îles Kuriles. Ce fléau rendit
déserts des villages entiers. Aujour-
d'hui la race des naturels est réduite
à très-peu de chose : les Russes
et les Cosaques se marient avec les
femmes du pays, de sorte qu'en
moins d'un demi-siècle, tous les
indigènes seront vraisemblablement
anéantis. Le major Behm ne compte
plus dans ce pays que trois mille
tributaires des Russes, y compris les
naturels des *Kuriles*.

L'administration du Kamtschatka, bien que militaire, est très-
douce. Les naturels ont la liberté
de choisir entre eux leurs magis-
trats. Un édit de l'impératrice ré-
gnante a abrogé la peine de mort.

Il est vrai que le *knout* qui la remplace est exécuté avec tant de rigueur, que la plupart des condamnés meurent sous les coups.

Le tribut qu'on exige des Kamtschadales est si modique, que c'est plutôt une reconnoissance de la souveraineté de l'impératrice. Les prêtres russes ont pris beaucoup de soin pour convertir les Kamtschadales au christianisme, et y ont fort bien réussi.

Le seul commerce d'exportation de ce pays consiste en fourrures : les Kamtschadales n'ont presque pas besoin des produits de fabriques étrangères; aussi ne vendent-ils les pelleteries que contre de l'argent. Nous fûmes étonnés de voir autant d'espèces métalliques dans

un pays aussi pauvre. Les négocians qui font ce trafic portent une
médaille d'or, pour annoncer la
protection que l'impératrice accorde
à leur profession. Nos matelots
avoient apporté de la côte d'Amérique un nombre considérable de
fourrures. Ils furent aussi charmés
que surpris de la somme qu'ils en
tirèrent. Malheureusement, comme
il n'y a dans ce pays ni cabarets,
ni tabagies, ils ne surent bientôt
plus que faire de leur argent, et le
jettèrent sur le pont.

Les Kamtschadales reçoivent des
pays étrangers divers objets ma-
nufacturés en Russie, en Angleterre, tels que de grosses étoffes de
laine, des toiles, des bonnets, des
gants, des soieries de Perse, des

cotonnades, des nankins, de la batterie de cuisine en cuivre, des poëles de fonte, des limes, des fusils, de la poudre, du plomb, des haches, des serpes, des couteaux, des ciseaux, des aiguilles, des miroirs, de la farine, du sucre, des cuirs, des bottes, etc. Ils y coûtent trois fois plus cher qu'en Angleterre. Mais les marchands font encore plus de profit sur les fourrures qu'ils expédient à *Kiachta*, ville frontière de la Chine.

Six navires de quarante à cinquante tonneaux font le commerce entre Ochotsk et Bolcheretsk; le commerce des îles de l'est occupe quatorze vaisseaux.

Quoique les Kamtschadales vivent depuis quarante ans avec les

Russes et les Cosaques, ils ont conservé leurs anciennes habitudes. Le
major Behm attribue la petitesse de
leur taille aux unions prématurées.
Les deux sexes se marient à treize
ou quatorze ans. Ils ont trois sortes
d'habitations, les jourtes ou maisons d'hiver, les balagans ou maisons d'été, et les isbas ou maisons de bois, occupés seulement
par les gens riches.

Plusieurs familles vivent ensemble dans la même *jourte*. La grandeur en est proportionnée en nombre
d'individus qu'elle doit conte-
nir. Pour la construire, on creuse
en terre un rectangle de six pieds
de profondeur. On y plante des
poteaux qui soutiennent le toit,
composé de solives, dont les inter-

valles sont remplis d'un treillage d'osier, et recouverts de gazon. Il y a sur le dôme un trou qui sert tout-à-la-fois de cheminée, de porte, et de fenêtre. On y entre et on en sort au moyen d'un poteau garni d'entailles, où la personne appuie l'orteil de son pied. Pour la commodité des femmes, on pratique sur les flancs du bâtiment une seconde entrée au niveau du terrain ; mais si un homme osoit y passer, il s'attireroit des railleries et des huées. La chaleur est telle dans ces jourtes, qu'il ne nous étoit pas possible d'y tenir. Les naturels s'y renferment depuis le milieu d'octobre jusqu'à la mi-mai.

Les balagans sont, au contraire, élevés, au-dessus de la surface du sol, d'environ treize pieds; on y monte comme dans les jourtes, à l'aide de poteaux entaillés. Iis sont habités par une seule famille. Les maisons de bois sont plus élégantes, et divisées en trois chambres.

L'habit des hommes kamtschadales ressemble à une blouse de charretier. Il est de nankin pendant l'été, et de pelleteries pendant l'hiver. Ils ont, par-dessous, une casaque serrée de nankin ou de coton, et une chemise de légère étoffe de soie de Perse, bleue, rouge ou jaune. Ils ont de longues culottes de cuir, qui descendent jusqu'à mi-jambes, des bottes de peaux de chien ou de renne, dont le poil est retourné en dedans, un bonnet fourré, garni de deux oreilles qu'ils laissent tomber sur leurs épaules quand il fait mauvais temps.

On appelle îles Kuriles, les îles qui se prolongent au sud-ouest, depuis le cap méridional du Kamtschatka jusqu'au Japon. On en compte vingt-deux sans préjudice des petites. Elles tirent leur nom des habitans de Lapatka qui les découvrirent, et s'appeloient eux-mêmes Kuriles. Les Russes y débarquèrent pour la première fois en 1713. Le prêtre de *Paratounca* en est missionnaire, et ne parle des insulaires qu'avec éloge : il les visite deux ou trois fois par an.

Les Japonais donnent le nom de *Jeso* à un groupe d'îles placé dans la même direction, mais un peu plus à l'ouest. Ils comprennent sous la même dénomination, toute la chaîne d'îles qui existent entre le Kamtschatka et le Japon. Les principales sont *Matmaï*, Kunachir, *Zellany*, et trois autres, qu'à cause de leur ressemblance et de leur rapprochement, on appelle les *Trois-Sœurs*.

Matmaï, la plus méridionale, dépend du Japon ; mais les cinq dernières sont indépendantes. *Matmaï* commence avec ces dernières îles, et celles-ci avec les Kuriles. Les insulaires achètent des fourrures, du poisson sec et de l'huile, et les paient avec des étoffes de soie et de coton, du fer, et d'autres marchandises du Japon. Ce fait explique une particularité du voyage de *Kraschennikoff*, qui acheta à

Paramousir une table, un vase, un cimeterre, et une bague d'argent provenant évidemment du Japon.

L'époque où il s'établira un commerce régulier entre le Kamtschatka et le Japon, par l'intermédiaire de ces îles, n'est probablement pas éloignée. Je tiens du major Behm que plusieurs Russes ont appris la langue japonaise de l'équipage d'un navire de cette nation, qui fit naufrage sur les côtes du Kamtschatka, et qu'ils ont été envoyés dans ces îles, afin de favoriser les communications des naturels avec les Japonais.

Le pays des Koriaques se divise en deux peuplades distinctes, les Koriaques errans et les Koriaques fixes. Ceux-ci ressemblent beau-

coup-

coup aux Kamtschadales, et tirent, comme eux, leur subsistance de la pêche. Les Koriaques errans font paître d'immenses troupeaux de rennes. On dit que certains chefs en possèdent quelquefois quatre à cinq cents. La chair de ces animaux est leur unique nourriture. Leurs habitations ressemblent aux *jourtes*; ils les couvrent, en hiver, de peaux de rennes crues, et, en été, des mêmes peaux tannées. Ils attèlent à leurs traîneaux des rennes, et non des chiens. Les rennes de trait paissent avec les autres; quand leur maître en a besoin, il jette un certain cri, et ils viennent le joindre.

Le prêtre de *Paratounca* m'a dit que les Koriaques et les *Tschutskys* parlent des dialectes différens de la même langue, mais il n'y a remarqué aucune analogie avec l'idiome kamtschadale.

Les Tschutsckys s'occupent aussi d'élever des troupeaux de rennes. Ces hommes sont robustes, bien faits, braves, aguerris, et voisins redoutables des Koriaques.

CHAPITRE XXVIII.

Plan d'opérations. — Recherche des îles au nord du Japon. — Iles de Lénia et des Larrons. — Arrivée à Macao. — Ville de Canton. — Ordres de la cour de France en faveur du capitaine Cook. — Ile de Pulo-Condore. — Détroit de la Sonde. — Relâche au cap de Bonne-Espérance. — Retour en Angleterre.

Le délabrement des vaisseaux rendoit dangereuse pour nous la navigation des mers situées entre le Japon et l'Asie, où nous aurions pu espérer de faire des découvertes ; nous résolûmes de nous tenir à l'est du Japon, de rechercher les grandes îles qui sont au nord, et de relever une partie de la Chine jusqu'à Macáo.

Nous partîmes d'*Atwatska* le 9 octobre. Le 13, nous découvrîmes *Paramousir*, l'une des Kuriles ; elle en est la plus grande. Les vents contraires nous empêchèrent de trouver celles des îles que les géographes placent au nord du Japon, et plusieurs indices nous portent à croire qu'on leur a assigné une fausse position.

Le 26, nous reconnûmes la côte du Japou ; le 23, nous apperçûmes deux navires de ce pays. Nous jugeâmes, à leur manœuvre, que ceux qui les montoient étoient fort effrayés. Ces bâtimens étoient du port de quarante tonneaux. Ils n'avoient qu'un mât, avec une voile quarrée. Trois pièces d'étoffe noire tomboient au milieu de la voile, à des distances égales : le bâtiment étoit plus élevé aux deux extrémités qu'au milieu. Le mauvais temps ne nous permit pas d'approcher ces côtes que *Kæmpfer* a décrites comme les plus dangereuses du globe. Il n'étoit pas moins périlleux de relâcher dans un hâvre, parce que les Japonais ont les étrangers en horreur.

Le 14 novembre, nous découvrîmes, sous le méridien des îles Marianes, une terre nouvelle, que M. Gore nomma l'île du Soufre, parce qu'elle offre plusieurs indices de volcans, et qu'il s'en exhale des vapeurs sulfureuses.

Le 29, nous dépassâmes plusieurs bâteaux de pêche chinois. Les pêcheurs se servent d'un large filet conique avec une bordure plate de fer, qui est destinée à raser le fond, tandis que le bateau traîne le filet, et enveloppe les poissons qui se trouvent sur la route.

Le 30, nous longeâmes les îles Léma qui, comme toutes celles de ces parages, sont dénuées de bois, et n'offrent aucune trace de culture.

Nous prîmes des pilotes chinois pour nous conduire à Macao; et, comme nous allions communiquer avec des Européens, il fallut demander aux officiers et aux équipages les journaux et les mémoires

qu'ils avoient rédigés sur notre expédition, de peur que ces matériaux,
tombant, par inadvertance, ou par
dessein prémédité, entre les mains
d'un libraire, il n'en résultât des
relations incomplètes et dépourvues
d'authenticité.

Le 1er décembre, nous passâmes
entre l'île *Potoe* et la grande île des
Larrons; et, le lendemain, nous
jetâmes l'ancre dans le port de
Macao.

Je me rendis, par l'ordre de M.
Gore, auprès du gouverneur portugais, afin de réclamer ses secours,
et le prier de me faciliter les moyens
d'aller à Canton. Cette dernière
partie de mes demandes ne dépen-
doit pas des Portugais, mais bien
des officiers du pays. Une dif-

ficulté qui venoit d'avoir lieu entre les Anglais et le vice-roi de Canton mettoit, à mon voyage, les plus grands obstacles. Je fis la demande d'un passe-port, et n'osai me flatter de recevoir une réponse favorable. Quinze jours s'étoient dejà écoulés sans qu'il y eût rien de décidé à cet égard. Heureusement un négo-ciant anglais ayant eu besoin de matelots pour conduire à Can-ton un navire qu'il venoit d'acheter à Macao, M. Gore trouva cette occasion favorable. Il m'ordonna de me rendre sur ce navire avec mon second lieutenant, le lieute-nant des soldats de marine, et dix matelots. Nous partîmes le 11 dé-cembre, et remontâmes la rivière de Canton. Quand nous fûmes à la vue du vieux château de *Boccaty-gris*, nous reçûmes la visite d'un officier des douanes. Le propriétaire du bâtiment, craignant d'exciter des alarmes si l'on nous découvroit, nous pria de nous cacher.

Le 18, nous arrivâmes à *Wampu,* où je m'embarquai sur un *sampane,* ou bateau chinois. Ces bateaux sont d'une élégance et d'une commodité qui passent toute idée. Les passagers sont assis sous un hangar de bambou, qu'on élève ou qu'on abaisse autant qu'on le juge à propos. Il y a sur les côtés de petites fenêtres avec des jalousies. De belles nattes, des tables, et des chaises, en composent l'ameublement. Il y a sur la poupe une idole de cire dans une niche de cuir doré, entouré de

cierges allumés, qui sont des co-
peaux secs, ou des mèches enduites
de gomme. Le passage de Wampu
à Canton coûte une piastre.

J'arrivai le même jour à Canton,
je débarquai à la factorerie anglaise,
où l'on fut très-surpris de me voir,
et j'y reçus un grand accueil. J'au-
rois desiré partir le surlendemain,
et je priai, en conséquence, mes
compatriotes de me louer des jon-
ques ou des bateaux pour le transport des munitions qu'ils devoient
me procurer; mais ils me répondirent qu'une affaire de cette nature ne
se terminoit pas aussi promptement;
qu'on discutoit, dans ce pays, les
choses les plus frivoles avec une ma-
turité et une lenteur extraordinaires.

J'eus, en effet, tout lieu de me

convaincre qu'à la Chine, la patience
est une vertu indispensable. Le Chinois, qui avoit été chargé, par le président de la factorerie, de négocier
la grande affaire de mon passe-port,
vint le voir, et l'assura, d'un air
enchanté, qu'il avoit réussi dans
ses démarches, et qu'on alloit expé-
dier, dans peu de jours, un passe-
port pour un des officiers anglais. Le
président lui dit qu'il étoit inutile
de s'en occuper, et ajouta, en me
désignant, que l'officier étoit arrivé.

Il seroit impossible de peindre
la frayeur que cette nouvelle causa
au pauvre Chinois. Sa tête tomba
sur sa poitrine. La violence de son
agitation fit ébranler le sopha sur
lequel il étoit assis. J'ignore si c'é-
toit de nous ou de ses supérieurs qu'il

avoit peur. Le président calma son affliction, en lui expliquant les motifs de mon voyage à Canton, et assurant que je desirois partir le plus tôt possible. Cette dernière observation parut lui être agréable, et je ne doutai point qu'il ne favorisât mon départ de tout son pouvoir. Toutefois quand il eut recouvré l'usage de la parole, il nous fit observer les délais que devoit nécessairement entraîner la conclusion de cette affaire, la difficulté d'obtenir une audience du vice-roi, les soupçons qu'avoient conçus les mandarins sur l'objet de notre voyage. Les récits faits par nos gens eux-mêmes de notre expédition avoient contribué à les alarmer.

Heureusement, en peu de jours, toute

toutes les difficultés furent levées.
M. Gore m'avoit chargé de vendre
à Canton uue vingtaine de peaux
de loutres, dont une partie appar‑
tenoit à la succession de M. Cook
et de M. Clarke. Un marchand
chinois, à qui je m'adressai, m'en
offrit d'abord trois cents piastres, en
m'assurant, en conscience, qu'elles
ne valoient pas davantage. J'en de‑
mandai mille piastres; nous rela‑
châmes peu à peu de nos préten‑
tions, et l'honnête marchand finit
par m'en donner huit cents.

Le mauvais état de ma santé
fit que je regrettai bien peu de ne
pouvoir trouver d'accès dans la ville.
Voici quelques détails que je tiens
des Anglais de notre factorerie.

Canton, y compris l'ancienne, la

nouvelle ville et les faubourgs, à environ dix milles (3 à 4 lieues) de
circuit. Sa population, à en juger
d'après celle de ses faubourgs, ne
paroîtroit pas bien considérable. Le
père Lecomte l'évalue à 1500,000
ames, Duhalde à un million, M.
Sonnerat dit qu'elle n'en contient
pas plus de 75,000. Mais cette dernière évaluation me paroît au-dessous de la réalité. Voici quelques
données qui mettront en état de faire
le calcul.

Une maison chinoise occupe cer-
tainement plus d'espace qu'une maison européenne ; mais la proportion
de quatre ou de cinq à un, donnée
par M. Sonnerat, me semble beaucoup exagérée. Ajoutez à cela que,
dans les faubourgs, il y a une mul-

titude de maisons qui ne servent
que de magasins. D'un autre côté,
une famille chinoise est en général
plus nombreuse qu'une famille européenne. Les mandarins ont depuis
cinq jusqu'à vingt femmes; les négocians depuis trois jusqu'à cinq,
et même quelquefois davantage.
Un riche marchand en a communément deux; mais les individus
des dernières classes en ont rare-
ment plus d'une. A égalité d'état, le
nombre des domestiques est double
de celui qu'on a en Europe. Ainsi
supposez une famille chinoise plus
considérable d'un tiers, et une maison d'Europe moins étendue des
deux tiers, une ville de la Chine
ne contiendra que la moitié de la
population d'une cité européenne.

de la même grandeur. On peut conclure, d'après cela, que Canton et ses faubourgs renferment environ 150,000 ames.

On sait qu'à la Chine, plusieurs familles n'ont pas d'autre demeure que des *sampanes*. Les opinions varient sur le nombre de ces bateaux habités. En adoptant celle des auteurs qui la portent à 40,000, c'est-à-dire au taux le moins élevé, comme chaque *sampane* contient une famille, la quantité d'individus qui y demeurent doit être triple de celle que M. Sonnerat suppose exister dans toute la ville.

On dit qu'il y a 20,000 soldats à Canton et 50,000 dans toute la province. Les rues sont longues, et pour la plupart étroites et irrégulières. Elles sont très-propres ; le pavé consiste en larges dalles de pierre. Les maisons sont de briques et à un seul étage ; les femmes en occupent la partie la plus reculée. Quelques gens du peuple habitent des maisons de bois.

Les maisons des facteurs euro-péens occupent un beau quai. Elles ont, sur la rivière, une façade ré-gulière de deux étages. Leur dis-tribution intérieure tient à la fois de la manière européenne et de la manière chinoise. Il n'est pas per-mis aux Européens d'y amener des femmes : aussi les subrécargues an-glais mangent ensemble. Ils ne sé-journent guère que huit mois par an-née dans le pays, et leurs occupa-tions continuelles font qu'ils se

soumettent avec moins de répugnance aux entraves que le gouvernement leur impose. Excepté dans
les solemnités publiques, ils entrent
peu dans l'intérieur de Canton.

Dès que le dernier vaisseau a
quitté *Wampu*, tous les étrangers
sont obligés de se retirer à Macao;
mais ce qui prouve l'excellente po-
lice du pays, c'est qu'ils laissent à
Canton tout l'argent qu'ils ont en
espèces, et quelquefois 100,000 liv.
sterling, sans autre sûreté que les
sceaux des négocians du *hong*, du
vice-roi, et des mandarins....

Pendant mon séjour à Canton,
un de mes compatriotes me conduisit chez un des Chinois les plus
distingués. Il nous reçut dans une
longuesalle, à l'extrémité delaquelle

étoient une table et une grande chaise par derrière. D'autres chaises étoient rangées tout le long de l'appartement. On m'avoit prévenu que la politesse de ce pays consiste à se tenir debout le plus long-temps. possible, et je me conformai scrupuleusement à l'étiquette. Le Chinois, chez qui nous étions, avoit de l'embonpoint, une physionomie froide, et des manières très-graves. Il parloit un jargon mêlé de mots anglais et portugais.

Le 27, je partis de Canton avec tous les objets que j'avois acquis. Le lendemain, nous arrivâmes à *Macao.* Pendant mon absence, nos matelots avoient vendu leurs peaux de loutres ; un seul d'entre eux vendit sa pacotille 800 piastres. Les deux vaisseaux ne tirèrent pas moins de 2,000 livres sterling du produit de leurs pelleteries ; encore les deux tiers en avoient été usés, gaspillés ou vendus au Kamtschatka. Nos gens, séduits par l'appât du gain, vouloient absolument retourner à la côte d'Amérique. Notre refus pensa les faire révolter. Je suis certain qu'un commerce régulier des pelleteries de la côte d'Amérique produiroit aux agens de la compagnie anglaise des bénéfices considérables.

Le 11 janvier, deux matelots de la Résolution désertèrent avec un canot à six rames. Malgré toutes nos recherches, nous ne pûmes en avoir aucune nouvelle. Ils étoient probablement retournés aux îles et sur la côte d'Amérique.

Nous démarrâmes le 12 janvier 1780; et, comme nous étions instruits de la guerre qui avoit éclaté entre l'Angleterre et la France, nous mîmes nos vaisseaux en état de défense. Cependant nous avions appris, par les derniers papiers anglais arrivés à Canton, que les vaisseaux de guerre français avoient reçu l'ordre de ne point inquiéter les bâtimens du capitaine Cook. Le congrès américain avoit donné des instructions semblables aux officiers de sa marine. Le capitaine Gore, jaloux de répondre à cette distinction généreuse, résolut de n'attaquer aucun des vaisseaux qu'il rencontreroit, et d'observer la plus stricte neutralité, jusqu'à son retour en Angleterre.

Le 20, nous eûmes en vue l'île de *Pulo-Condore*. Nous y envoyâmes le lendemain des détachemens pour couper du bois. Je fis, avec un autre détachement, une excursion dans l'intérieur des terres, pour obtenir une entrevue avec les naturels. Ceux que nous rencontrâmes d'abord témoignèrent beaucoup de frayeur; ce fut avec bien de la peine que nous parvînmes à les aborder. Pendant que nous conversions avec eux, un troupeau de buffles accourut vers nous, et se rangea, en quelque sorte, en bataille, pour nous attaquer. Les insulaires ne pouvant venir à bout de les chasser, nous fûmes fort étonnés de les voir appeler des petits garçons à leur secours.

Nous reconnûmes par la suite

que ce sont toujours les enfans qui conduisent ces farouches animaux. Ils les dirigent à leur gré, au moyen d'une corde qui traverse les narines du buffle. Ils les frappent impunément, tandis que des hommes faits n'oseroient s'en approcher.

Je fis clairement entendre aux naturels l'objet de ma mission, qui étoit d'acheter des vivres. On nous répondit qu'il falloit, pour cela, le retour du chef qui étoit absent. En attendant, un insulaire me présenta un papier qui étoit écrit en français, et dont voici le contenu :

Pierre Joseph George, évêque d'*Adran*, vicaire apostolique de Cochinchine, etc.

« Le petit mandarin, porteur de » cet écrit, est véritablement en-

» voyé de la cour, à *Pulo-Con-*
» *dore*, pour y attendre et recevoir
» tout vaisseau européen, qui au-
» roit sa destination d'approcher
» ici. Le capitaine, en conséquence,
» pourroit se fier, ou pour con-
» duire le vaisseau au port, ou
» pour faire passer les nouvelles
» qu'il pourroit croire nécessaires ».

PIERRE - JOSEPH GORE,
évêque d'Adran.

A Sai-gon, le 10 août 1779.

Quand nous fûmes de retour à
bord, nous vîmes arriver un *pros*
monté par six hommes. L'un des
passagers, d'un maintien décent et
d'une physionomie agréable, se
présenta à M. Gore, et lui apporta
le même billet que je viens de citer.

bien

Il nous dit qu'il étoit le mandarin indiqué dans le papier. Il parloit très-bien portugais ; mais , faute d'avoir parmi nous quelqu'un qui entendît cette langue, nous eûmes recours à un noir qui se trouvoit à bord , et parloit le malais, langue de ces insulaires.

Le mandarin nous déclara qu'il avoit été baptisé sous le nom de *Luc;* qu'il étoit parti, au mois d'août, de *Sai-gon*, capitale de la Cochinchine , et qu'il attendoit des vaisseaux français qu'il devoit conduire dans un bon port de la Cochinchine. Il nous présenta une autre lettre en français, sous la même date, et de la même personne, adressée à tous les capitaines européens indistinctement. Il y étoit en effet question d'un vaisseau qui devoit bientôt arriver à la Cochinchine; mais cela ne nous expliquoit rien. Les discours de Luc, mal interprétés peut-être par notre noir, ne nous satisfaisoient pas davantage.

Le 23, on nous amena des buffles qui entrèrent en fureur à l'aspect de nos gens; et, sans le secours des petits garçons, il eût été impossible de les embarquer. La douceur et l'affection même que les buffles montrent envers les petits enfans, sont vraiment extraordinaires; mais ce qui ne l'est pas moins, c'est qu'au bout de vingt-quatre heures, ils se trouvèrent parfaitement apprivoisés. Je conservai long-temps un mâle et une femelle que je projetois d'amener en Angleterre; mais une blessure incurable que reçut un de ces animaux, rendit la chose impossible.

Pulo-Condore est une île élevée et montueuse; son nom dérive des mots malais *Pulo* (île), et *Condore* (calebasse); production qui y est très-abondante. Depuis le voyage de Dampierre, elle a acquis une foule de richesses animales et végétales, qui lui manquoient alors.

Le 28, au moment de notre départ, le mandarin nous demanda, pour les vaisseaux qui y relâcheroient par la suite, une lettre de recommandation que M. Gore lui accorda volontiers, en ajoutant un présent pour lui, et un autre pour l'évêque d'Adran.

Le 31 janvier, nous découvrîmes Pulo-Timoan, ensuite Pulo-Puissang; le 2 février, nous apperçûmes Pulo-Taya. Nous reconnûmes, les jours suivans, diverses îles de ces parages, et nous rapprochâmes de l'île Sumatra; ensuite nous entrâmes dans le droit de la *Sonde,* qui sépare cette île de celle de Java. Nous rencontrâmes plusieurs vaisseaux hollandais qui ne s'étoient arrêtés que peu de temps à Batavia, afin d'échapper à l'influence funeste du climat, et qui cependant y avoient perdu du monde.

Nous jetâmes l'ancre dans un hâvre de l'île de *Cracatoa,* la plus méridionale du groupe, situé à l'entrée du détroit de la Sonde. Elle passe pour très-saine, comparée à celles des environs. Sa nombreuse population est gouvernée par un chef, vassal du roi de *Bantam*.

Le 12, nous mouillâmes dans l'île du *Prince*, où la Résolution avoit déjà relâché en 1770; nous y embarquâmes de l'eau et des provisions. Cette île est tellement boisée, que, malgré les coupes continuelles que font les vaisseaux, on n'y voit pas de diminution sensible.

Pendant notre traversée au cap de Bonne-Espérance, nous eûmes plusieurs malades, suites nécessaires du climat de Java.

Le 14 avril, nous jetâmes l'ancre dans la baie de la Table, et reçûmes la visite de M. *Brandt*, gouverneur de la place. Il connoissoit déjà la fin tragique de notre commandant, par un vaisseau hollandais de Macao. La vue de nos bâtimens renouvela ses douleurs. M. Cook avoit logé chez lui dans toutes ses relâches au cap.

Le 15, j'allai, avec M. Gore, rendre visite au baron de Plettenberg, gouverneur de la colonie, qui paya, à la mémoire de notre cammandant, un juste tribut de regrets. Il nous fit voir, dans une des plus belles salles de son hôtel, deux portraits des amiraux hollandais *Van Trump* et *Ruyter*. Il y avoit entre eux un intervalle qu'il se proposoit de remplir par celui de M. Cook. Il nous pria de lui en acheter un, dès notre retour en Angleterre, à quelque prix que ce fût.

Le baron de Plettenberg nous confirma la nouvelle que la France avoit donné l'ordre de respecter nos vaisseaux.

J'avois eu autrefois quelques liaisons avec le colonel Gordon, commandant des forces navales du cap. Cet officier étoit absent à l'époque de notre arrivée, mais il fut de retour avant notre départ. Il venoit de faire un voyage dans l'intérieur de l'Afrique, et y avoit pénétré plus loin qu'aucun autre Européen. Il a enrichi le musée du prince d'Orange d'une multitude innombrable de morceaux précieux. Un long séjour au cap ; les ressources que lui ont fournies son grade et son état, joints à un esprit actif et infatigable, à la passion de s'instruire, l'ont mis à portée d'acquérir des connoissances parfaites sur cette partie de l'Afrique. C'est avec un vrai plaisir que j'annonce au public l'histoire de ses voyages (1).

Le 9 mai, toutes nos munitions se trouvant embarquées, nous mîmes à la voile, en nous dirigeant à l'ouest des îles de *Sainte-Hélène* et de l'*Ascension*. Le 12 juin, nous

(1) Cet ouvrage n'est cependant point encore imprimé. La veuve du colonel Gordon en possède tous les matériaux, et l'on assure qu'elle se propose de mettre incessamment les curieux et les savans à portée d'en jouir.

(*Note du traducteur.*)

conpâmes l'équateur, c'étoit la quatrième fois que nous traversions la
ligne dans ce voyage.

Le 2 août, nous reconnûmes la
côte occidentale d'Irlande; et n'ayant
pu entrer dans le part *Galwai*, d'où
le capitaine Gore vouloit envoyer à
Londres les journaux et les cartes
de notre voyage, nous mîmes le
cap au nord. Les vaisseaux jettèrent
l'ancre à *Stromness* le 22 août. M.
Gore m'ordonna de partir sur-le-
champ, et de me rendre au bureau
de l'amirauté. Les vaisseaux arrivèrent au port nommé le *Nore*, le 4
octobre de la même année 1780,
après une absence de quatre ans
deux mois et vingt-deux jours.

En quittant la Découverte, j'eus
le plaisir de laisser tout l'équipage

en parfaite santé. La *Résolution* n'a-
voit pas plus de deux ou trois con-
valescens; elle n'avoit perdu, dans
le cours du voyage, que cinq hommes, dont trois étoient d'une santé
chancelante au moment de notre
départ d'Angleterre. La *Découverte*
n'en avoit pas perdu un seul.

Ce qui ne me paroîtra pas moins
surprenant que la bonne santé des
équipages dans une expédition
d'aussi longue durée, et dans des
parages inconnus, c'est que jamais
les deux vaisseaux ne furent séparés plus de deux fois durant un espace de vingt-quatre heures. La
première séparation fut occasion-
née par un accident qu'éprouva la
Découverte auprès d'*Owhyhée*; la
seconde, par les brumes qui nous

enveloppèrent à l'entrée de la baie d'*Atwaska*. Ce succès appartient presque en entier à l'adresse et à la surveillance active de nos offi-- ciers subalternes.

FIN DES VOYAGES DE COOK.

TABLE

DES CHAPITRES

contenus dans le tome quatrième
du troisième Voyage.

Troisième Voyage du capitaine Cook.

FIN DE LA TABLE.

BIBLIOTHEQUE NATIONALE
Désinfection 1984
N° 3119

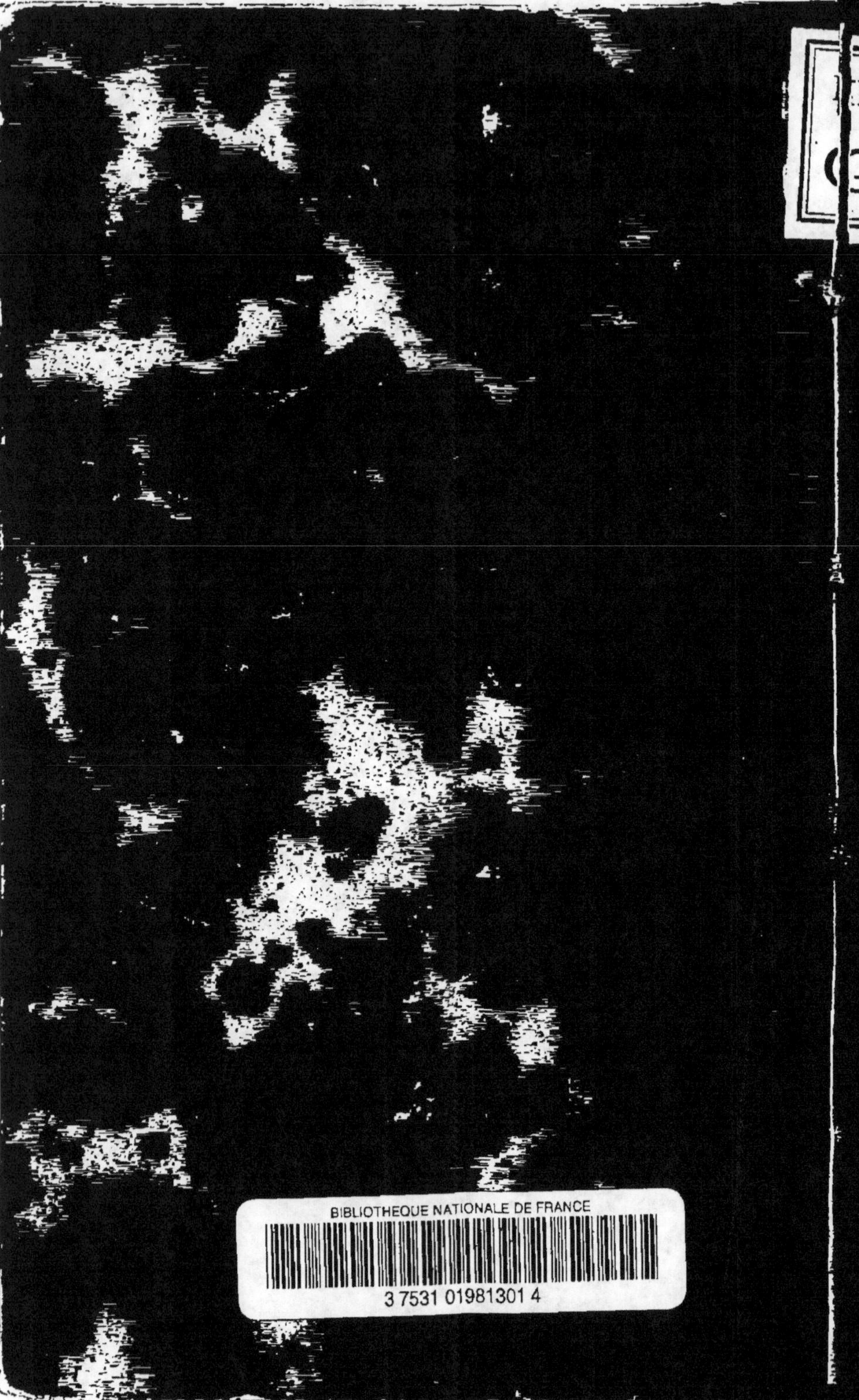
BIBLIOTHEQUE NATIONALE DE FRANCE

3 7531 019813014

www.ingramcontent.com/pod-product-compliance
Lightning Source LLC
LaVergne TN
LVHW020117060726
842526LV00004B/1160